東巴爾幹半島3國22大自助超簡單
——匈牙利、羅馬尼亞、保加利亞

曾嘉芸 著

CONTENTS 目錄

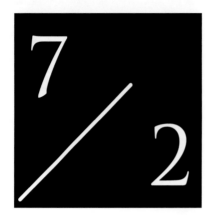

臺北・出發

卡達航空

今年的匈牙利、羅馬尼亞、保加利亞的三國行程,我選擇了搭乘卡達航空,因為二月初訂機票的時候,它的價錢(NT.34300)實在是非常吸引人,轉機的時間也很不錯,聽說設備也不錯。

從臺北出發的時間是晚上9點50分,提前兩個小時到機場check-in,以往出國總是遇到機場大爆滿的情況,但是今年真的特別的不同,晚上的桃園機場冷冷清清的,第一次不用排隊就出海關了。

臺北到香港這一段是搭長榮航空,到香港之後地勤人員在出口就有告示牌指示轉接卡達航空的人必須到E1轉機櫃檯辦理,服務很不錯的唷!我們搭的這一班總共有十幾個要轉接卡達航空,在我們辦理的時候,櫃檯的先生說:就等你們兩個辦好就都到齊了,看來卡達有確實在處理轉機的客人,還有確認我們的行李收據耶!他還說登機口有點遠,要我們快一點過去,因為匆匆忙忙的關係,我剛剛帶下機的柳橙汁根本就沒時間喝掉,在

· 卡達航空的飛機挺不賴的

過安檢線時被發現，只好丟掉了，還好他願意把我裝水的瓶子倒空後把瓶子留給我。

卡達的長程飛機是A380的，有好長的翅膀。我們的位置很不錯，從窗口望出去就可以看到它那長長的翅膀，希望一路可以順順的載我們到達杜哈。飛機的內裝也很不錯，個人的娛樂螢幕非常的大，每個位置的螢幕旁邊都有USB孔可供充電。椅子可調的角度也不小，可以睡得蠻舒服的，唯一的缺點就是頭枕的高度不可以調整，對於我這種身高來說，只能枕到一點點，脖子有點痠呢！若是自己帶個充氣的頸枕應該會舒服許多。這個時間上飛機其實已經非常想睡了，但是他還是會先供應晚餐讓你吃完再睡，畢竟上機時，杜哈當地的時間可是晚上八點半呀！當然我就直接睡了，哪管它什麼晚餐不晚餐的，這一段可有八個半小時之久，能多睡點總是比較好。

TPE	（BR827）	HKG	（QR815）	DOH	（QR209）	BUD
21:50	----	23:35/01:30（+1）	----	04:50/07:40	----	12:15

不知道是不是年紀大了，這一次搭飛機一直覺得好乾燥，鼻子極度不舒服，後來我只好拿起保濕噴霧狂噴我的臉，但是這一噴下去還睡得著的就算你屬害了，我是睡不著了啦！離降落還有兩個半小時，吃個早餐、看部電影，最長的這一段也就這樣過去了。卡達的早餐很妙，有煎蛋（omelet）跟魚粥可以選，從來沒在飛機餐吃過粥的我，當然選了粥來吃看看。它的餐還不錯吃，粥的部分很稠，也必須這樣啦，不然應該會流的到處都是，唯一的缺點就是魚有點煮過頭了。其他的配餐也都很不錯，以飛機餐來說比某些航空公司好吃多了。

7/3

匈牙利・杜哈機場轉機

· 這個機場好大好漂亮呀!!

卡達這個位於阿拉伯半島上的小國首都為杜哈,要不是2006年曾經舉辦過亞運,我們大部分的人大概都不知道它在哪吧!一下飛機,老實說對這個極現代化、嶄新、明亮的機場有個不錯的印象,公用電腦全是蘋果這廠牌顯然也夠闊氣。查資料之後才知道,拜豐富的石油及天然氣資源所賜,這個面積不到一萬一千五百平方公里的小國其國內生產總值人均可是世界第一名咧!

布達佩斯Ferihegyi國際機場

抵達之後,因為臺灣現在到申根國家已經免簽了,入境只要排隊等蓋章就好,這是一個很多臺灣人會到的點,也不需要太擔心海關會不認得臺灣護照。輪到我之後,一下子就蓋章了,完全沒有問任何問題。

機場出口有計程車的售票亭,根據你要去的地點先買票再上車,不會有被坑的風險。聽說兩個人以上搭計程車就比搭機場巴士再轉乘地鐵划算了,但是我們還是沒有選擇計程車,而去搭共乘計程車。共乘計程車也是有售票櫃

台，他用的車是九人座的小巴士，會送你到旅館門口，根據人數價錢會有所不同，買來回也會便宜一些。因為我們不從這裡搭飛機離開，所以我們只需要買單程就好，兩個人的票價共4790Ft，可以付歐元不過匯率極差（一歐元換250Ft），無所謂啦，其他需要的錢進市區再換就可以了，這裡也只好讓他賺一點匯差囉！

Akacfa Holiday Apartments

這其實不算是一家旅館，他有點像是我們出租公寓的管理辦公室，我們的房間位在一整棟的集合式住宅裡，每一間房間都有自己的號碼，有些房間

· Akacfa Holiday Apartments

· Akacfa Holiday Apartments

· Akacfa Holiday Apartments

· 布達佩斯24小時交通券

· 匯兌處

是歸屬於這家旅館所經營管理的，也有一些是歸屬另一家旅館管理的。

房間的形式就是有廚房衛浴的大套房，空間真的不小，烤箱、微波爐、洗衣機等一應俱全，其實蠻適合來玩一段時間的人，很有家的感覺。旅館的樓下就有一家小型的雜貨店，可以買飲料及簡單的食材，如果要開伙應該也不成問題。不過這一區的餐廳實在是不少（雖然多半是土耳其式，但要吃什麼都有），也開到蠻晚的，大概也不需要自己料理啦！

旅館的位置離地鐵站—Blaha Lujza ter大概只有200公尺不到，路口就有號稱匯率是全匈牙利前三名的匯兌處，這樣應該算是該有的都有了。

佛羅修馬提廣場 （Vorosmarty ter）

第一天還搞不太清楚狀況，我們先買了24小時交通卡，準備到處亂搭地鐵好好地考察一下。先搭到紅色的地

東巴爾幹半島3國22天自助超簡單

· 嶄新的地鐵二號線

· 復古的地鐵一號線

鐵二號線到亞迪克廣場（Deak F. ter），這是一個很大的轉乘站，共有三條地鐵線在此站交會。二號線的嶄新讓我們以為布達佩斯的地下鐵都是如此的新穎及舒適的，但是在轉搭一號線之後，感覺真是落差好大，一號線真是復古地像是把博物館中陳列的車子拿出來載客呀！而且車站的感覺超像是看黑白片中才有的場景，一整個讓我好像身在電影之中。不過這個也不奇怪，布達佩斯的地鐵可是全世界第二個通車的（第一個是倫敦），而其中最資深的（1896年通車）就是這條一號線囉！

佛羅修馬提廣場這裡有一個地圖上標示的i，原以為可以問一下火車票的事，但是看起來這個i似乎是以賣表演票、船票……等為主的據點。當然我們也是有打算看一場表演，順便問一下表演的資訊。售票的先生強力推薦我們看今天晚上八點的民族舞蹈表演（Budai Vigado劇場），但是才剛抵達匈牙利的我們實在是害怕看到一半會睡著，還是明天去比較恰當。售票先生說今天的團比較好，明天的比較沒那麼好，但是票價是一樣的，很推薦我們看今天這一場。雖然是這麼說，但是考慮我們的精神狀況，又想想我們應該分不出好壞差多少吧？還是選擇買了明天晚上在Danube Palace劇場的二等票，

•佛羅修馬提廣場

•匈牙利牛肉湯

•佛羅修馬提雕像

一個人的價錢是5400Ft（一等位的票是6200Ft，三等位是3600Ft）。

雖然說在飛機上一直吃吃吃，但是到這個時間我們都覺得有些餓了，廣場周邊有很多可以用餐的地方，隨便選一家吃個晚餐吧！我們還不知道現在這裡的人是幾點吃晚餐的，他們多半都在喝飲料跟吃冰淇淋，但是當我們坐下點餐時，老闆也是一副理所當然的樣子，並沒有覺得我們很奇怪，看來幾點都是可以吃的，這樣應該餓不死。在匈牙利的第一餐，當然得來個特別的呀！點個匈牙利牛肉湯，湯裡有很多馬鈴薯、紅蘿蔔，並加入大量

的紅椒一起熬煮，好喝是好喝，但還是覺得太鹹，兩個人吃一份就好。另外我們還點了一個平凡的凱薩沙拉，這其實真的不太像我的飲食風格，不過第一天吃了草之後，我可以很多天都不吃草。

國家歌劇院

這個城市也是網路很方便的地方，隨便找一家餐廳幾乎都有提供免費的Wifi可以使用，路上甚至還可以遇到不用密碼的，一切的公共場所，例如

LISZT FERENC

· 國家歌劇院

火車站、巴士總站、i等地方也可以免費使用。不過出來旅行是長見識的，一直划手機可不是好事唷！

今天要去的地方集中在一號線上，這樣可以不用一直轉來轉去，在車站裡走來走去其實是很麻煩的，因為布達佩斯的地鐵位在很深的地下，手扶梯的速度飛快也得搭很久，而且站內空氣很差。先去國家歌劇院吧！本來想說可不可以有機會在歌劇院看一場表演，但是每年七月份，表演者都去放暑假了，一場都沒有。可能也因為這個月份不會使用的關係，歌劇院就順便進行整修工程，裡面每天只開放下午三點及四點兩梯次的導覽參觀時間，沒算好時間連進去看都進不去咧！我們就是沒趕上那個時間，只能外觀拍一拍。

亞歷山大書店

下一站就是聽說有很漂亮咖啡廳的亞
歷山大書店,因為它就位在歌劇院與
Oktogon兩站之間,乾脆就散步走過
去就好,路上看到整排的腳踏車,應
該是像我們臺灣的Ubike,全部都是
翠綠色的十分鮮明亮麗,不過因為標
示都沒有英文,所以也不知道該如何
租借,使用率應該也不是很高,路上
沒看到什麼人在騎。

書店真的還蠻漂亮的,上樓之後可以
看到華麗到誇張的咖啡廳,在裡面喝
咖啡,會讓你誤以為是小公主吧!本
來如果無法拍照,我們打算再貴也給
他進去喝一下。但站在入口處也沒人

阻止我們拍照，拍拍照就閃人，今天還沒有喝咖啡的fu。

跳上地鐵，在途中我們在高大宜（Kodaly）站下車拍張照就又上車了，今天這張24小時交通券已經划算了。布達佩斯的每個地鐵站都有很多查票員，票要找個好拿的地方收好，就算是不進出站，也會遇到跟你查票的，剛剛在轉運站換車時，一共被要求看了三次票，大家可千萬別逃票呀！

聖齊尼溫泉

走了好長一段路終於到了本日的最後一站——聖齊尼溫泉，打算泡個溫泉舒緩一下長途旅程的勞累。它有兩個入口，溫泉池大部分都到六點就關閉了，只剩下幾個池子可以用到晚上十點。我們剛走到的那一個是準備關閉

沃伊達奇城堡

·英雄廣場

·現代美術館

聖齊尼溫泉入口之一

的售票口，要我們繞過去另一個售票處。繞這半圈還挺遠的，等我們抵達時，差十幾分鐘就七點了，有不少人在這邊等七點要買星光票，正常4300Ft的票折價後只要3800Ft，當然大家都會等的。

買票時會給你一個感應手環，用那個手環感應進場，之後的置物櫃也是用這個感應手環上鎖及開鎖，不用鑰匙的設計很特別唷！換好衣服之後，我們兩個就這樣傻傻的走到戶外的池子中，為什麼說傻傻的呢？因為我們沒有把浴巾帶出去，而且還是赤腳走出去。你一定覺得這樣很正常對不對，等等你就知道為什麼我會說我們很傻了。戶外的池子水溫據說有38度，但是下去之後，一整個覺得很不妙，泡過水的地方一離開水面，就會覺得冷，等會兒我們可要這樣一路冷到更衣室咧！

這個戶外池中間有個區域有設計噴流的方向，人在中間會被水推著快速向前，大家似乎都很愛在裡面轉圈圈，我跟育胤都分別去玩了一下，還真的挺有趣的。其實泡沒多久就開始有冷的感覺了，還是趕快去沖一沖、穿衣服吧，才出來第一天可別感冒了才好！果不出我們所料，一離開池子，風吹在身上真是冷到想罵髒話，看著岸邊的浴巾卻沒有一條是自己的，那種心情真的很複雜，牙一咬跑快一點，只要衝到沖洗室就可以享受到「溫泉」了。在沖洗室先把自己沖熱，覺得不發抖之後，再全力衝向更衣室。這時候超後悔剛剛幹什麼要選一個那麼遠的更衣室啦，人說：千金難買早知道，萬般無奈想不到，指的就是這種狀況吧！

這個聖齊尼溫泉完全沒有讓我享受到放鬆舒緩的效果，反而讓我陷入可能感冒的風險，我看要來泡的理想時間應該是中午左右、熱一點的時候來比較恰當吧！而且它真的是個「溫」泉，「熱」泉的那邊只到六點而已唷！

匈牙利・東站買火車票

明天預計前往匈牙利東北方的小鎮Miskolc泡溫泉，趁今天有時間先去東站（Keleti pu.）買票。布達佩斯一共有三個火車站，根據前往的地點不同，需要在不同的地方搭乘，也必須在正確的車站才可以買到票，如果不確定該在哪一個站搭的話，可以先上網查或是問人，才不會白跑一趟。趁育胤去排隊買票的時候，我去車站的i問往羅馬尼亞Baia Mare的火車時間，櫃台小姐查了之後跟我說沒有直達的火車，一共得在兩個地方轉乘才行，其中一個還得等上三個小時。喔！這會不會太麻煩了？因為這段國際的火車是從布達佩斯的西站（Nyugati pu.）出發的，所以如果要買票，我們得去西站買才行。

早上出門的時候大概時間還太早，附近匯兌所都還沒有開門，買完車票錢也花得差不多了，還是得再回去換一點錢。換完錢之後，旁邊的土耳其餐飲店已經開始營業了，看廚師端出一大盤一大盤剛出爐的食物，不自覺就餓了，先吃再說吧！反正有開門就是可以吃，這裡是沒有人會問你現在是吃哪一餐的？也沒人在意你一天到底是吃幾餐？點了一份口味十分台式的

洋蔥炒雞肉，小姐問我們要加飯還是炸馬鈴薯，那個白飯看起來並不是好吃的料，我就選了炸馬鈴薯。大概是太久沒吃這種餐廳了，竟然忘了可以不要選，選了是要加錢的。雞肉裡面已經夠多的馬鈴薯了，再每天這麼馬鈴薯下去，回去一定腫得跟馬鈴薯沒啥兩樣。

試搭路面電車

昨天一直都搭地鐵，今天想試試看搭路面電車，雖然地圖上有標示電車的路線，但是第一次搭還不太會看站牌，果然就搭錯了方向。還好電車的設計就是補足個地鐵之間的橫向連結，搭錯方向也會與同線別站的地鐵連接，我們還是順利到達藍線的地鐵站。布達佩斯的交通不論遠近都是均一價，況且我們買的還是24小時搭到爽的交通券，所以坐錯站我們也不需要擔心。

轉乘藍色地鐵線之後，不多久就到Nepliget長途巴士總站，總是搞不清楚要從哪一個出口離開地鐵站，乾

脆就隨便挑一個走出來，要去哪都是從地面上比較好找。果然一出站就看到碩大的巴士總站在我們的對街那邊，每次我的運氣都不是太好吼。巴士總站裡面有個i，想當然耳就是直接去問他往羅馬尼亞Baia Mare的車票去哪買，不過得到的答案竟然是叫我們出去之後往左後方走，會看到停車處。這是什麼鬼答案？心裡只有一堆問號。我們兩個還真的依照她說的，出站之後往後面走，但是啥也沒到，也沒看到有網友搭過的EFI Travel的任何標示。後來我們決定去停車場的司機休息小屋問司機們，或許有人會知道。我猜每天有哪些車在這裡來來去去，司機們多少會知道吧！結果，裡面的司機一問三不知，不知道是不會說英文、聽不懂英文亦或是真的不知道有沒有車會去羅馬尼亞？後來我決定去問停車場裡在車上休息的司機，最後問到一個告訴我在30號月台。蝦密？又是問號，不過我們還是決定走去月台看一看，上面的看板的確是一個羅馬尼亞的地點名稱，車子是下午兩點要開的，但是完全沒有說在哪裡買票或是其他班次的時間等資訊。

巴士總站內的巴士公司也全都說沒有往羅馬尼亞的車，那這個月台是怎麼回事？一個不在巴士總站裡賣票的公司，卻有一個專屬的月台，不覺得很奇妙嗎？搞了半天什麼都沒問到，更別提先把票買起來了，實在是令人有點沮喪。

算了，大不了去搭火車，不就是轉乘等久一點而已嘛，沒啥大不了的。安慰完自己之後，直接目標往鏈橋去。我們搭了藍色地鐵線到亞迪克廣場站，準備去換15號巴士，總是每一種交通工具都要試搭一下呀！出地鐵站之後，育胤看到有i，想說再去問一下，果然負責販售民俗表演、遊船行程的i攤位小姐說她不知道，但是可以去i的辦公室請那邊的服務人員幫我們用電腦查看看。因為距離不是很遠，我們又呆呆地走去問。為什

麼說呆呆的，因為去到那裏，她一聽說我們要問往羅馬尼亞的巴士，就叫我們去Nepliget長途巴士總站買票。我們跟她說剛剛已經去過了，那裡什麼都沒有，接著她說可以去不遠處的Màv ticket office問。因為不是很遠，所以我們就走去瞧瞧，還是抱持著一線希望，直達的巴士總是比轉來轉去的火車好很多。去到那裏，還不少人在裡面買國內或是往國外的車票，應該是個厲害的票務中心。不過聽到櫃

· 布達佩斯東火車站

巴士總站

台小姐與其他觀光客的對話,就令我心驚膽跳的。

觀光客:我有車票了,我想要預約。

櫃　台:你不需要,不過如果你想要也是可以啦!(匈牙利的系統是這樣辦事的嗎?)

觀光客:是的,我想要。(如果是我,我也想要預約,總覺得這樣才對呀!)

輪到我的時候,大概是我要去的地方不是那麼多人,櫃檯的老先生緩緩的

戴起他的老花眼鏡後,開始翻找他的手冊,最後跟我説:沒有巴士!好吧!忙了一整個上午,結果是零,對我的打擊真的很大耶!先擱著吧,回到旅館用電腦查比較方便。

鏈橋

跳上15號巴士才搭沒兩站就看到鏈橋了,趕緊下車去拍照,心裡再次感謝那張24小時交通券。有許多大型

‧鏈橋及石獅子

‧纜車售票及搭乘處

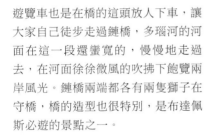

遊覽車也是在橋的這頭放人下車，讓大家自己徒步走過鏈橋，多瑙河的河面在這一段還蠻寬的，慢慢地走過去，在河面徐徐微風的吹拂下飽覽兩岸風光。鏈橋兩端都各有兩隻獅子在守橋，橋的造型也很特別，是布達佩斯必遊的景點之一。

要前往布達皇宮可以搭登山纜車或是巴士皆可，我們選擇搭纜車上去，這一段很陡很短的纜車一個人要價1100Ft，24小時交通券及布達佩斯卡皆不適用。山頂纜車站有一個可以壓紀念幣的機器，準備一個5Ft的硬幣作為材料，再放進兩個100Ft的壓製費用，選一個喜歡的圖案，轉一轉就會出現一個有著布達佩斯景點的橢圓形紀念幣。我還蠻喜歡收藏這種紀念幣的，只要有遇到壓幣機，通常都會去壓一個。圖案的背面還會留下這個5Ft原本硬幣上的圖案，這在臺灣應該就會被算是毀損國幣吧，所以臺灣的壓幣機都是另外需要買一個銅片丟進去壓。

衛兵交接

旁邊有兩個衛兵直挺挺地站在那裏，大家都紛紛靠過去拍照，我們也跟著別人去拍照。突然，遠方傳

· 國立美術館

來打鼓的聲音，原來一點到了，有衛兵交接的儀式呀！交接的過程很有趣，有一個指揮官帶著要上工的兩名衛兵及一個鼓手列隊走進來，之後兩個要上班的衛兵自己走過去跟那兩個要下班的衛兵交接，跟著打鼓的節奏進行換槍的交接動作，最後下班的兩個衛兵走到指揮官身後，一群人就退場完成這個交接儀式。站定後的兩個開始上班的衛兵，第一件事是整理服裝儀容，我本來以為衛兵站定位之後就不可以

動了，沒想到竟然看到他在拉整衣服，實在是意外呀！

藍天白雲印襯下的皇宮區真的是很華麗壯觀，國立美術館、歷史博物館及聖齊尼圖書館都在這一大片的建築之中，不過我們都沒進去，我比較喜歡看建築物外觀啦！皇宮區的背面有一整排的紀念品攤，價錢都差不多，但是考量明天會去中央市場採買，看看價錢就好。這裡最恐怖的是飲料的價錢，之前我們在雜貨店買一瓶0.5L寶特瓶的可樂大概是260Ft，在這裡每一家都要賣到550Ft以上，皇宮區果然很高貴呀！

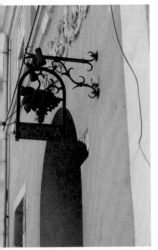

· 國家資料館

一路往漁夫堡的方向走過去，途中正好有看到郵局，因為剛剛我們在一家沒有賣郵票的店買了明信片，現在趕快把郵票買好才不會忘記。因為喉嚨痛的關係，我必須一直喝冰飲料，現下也顧不得價錢多貴，我就走進郵局隔壁的小店。沒想到，這一家兼賣紀念品的小店，可樂只賣235Ft，比我在旅館樓下的雜貨店買還便宜，真是意外呀！趕快跟育胤說，她也進去買了一瓶礦泉水。郵局的對面就有一個巴士站牌，如果從鏈橋那邊搭巴士上來，就可以在這邊下車走去皇宮區。當下我就打算偷懶，坐車往前經過漁夫堡，再從裡面逛出來。

我們搭到這區最底的中世紀猶太禮拜堂前下車，不過已經超過開放的時間，只能從外面張望而已。旁邊有一個國家資料館，超大的一棟但沒看到有人進去，書上也沒有介紹，嗯～跳過去吧！

猶太禮拜堂

馬提亞斯噴泉

布達城堡（皇宮）

馬提亞斯教堂

往回走沒多久就會到馬提亞斯教堂
了，很不幸它前面的廣場正在整
修，想要拍下教堂與教堂前的三位
一體雕像就一定會拍到整修中凌亂
的工地，地面的一團混亂真的是破
壞畫面呀！教堂真的很大，但是繞
到後面之後，目光馬上被可愛的漁
夫堡給吸引，完全忘了要進去教堂
瞧瞧這回事。

我只要點一份啦!!

肚子有點餓了，育胤說有人推薦漁
夫堡的餐廳，可以找一家進去吃點
東西，順便休息一下。我們選了一
家門前有放「本日套餐」牌子的餐
廳，它的套餐有湯、主菜及飲料，
點一套來吃應該就夠了，價錢也還
可以接受啦！

進去之後，服務生沒多久就來點餐
了，我跟他說要點本日套餐一份，
他問我要喝什麼，這一切都很正
常，接著他問育胤，我就跟他說我

們點一份就好。不過送餐來的時候
卻送了兩份湯，我跟他說我只點一
份，他就說我是點兩份，但是飲料
只點一個。這是什麼道理，點兩份
套餐會只選一個飲料嗎？我十足懷
疑他是裝傻，硬是要強迫我們消
費兩份套餐，欺負我們不會說匈牙
利語。但是又能如何，花錢買教訓
吧，我是不會推薦別人來這邊吃東

· 漁夫堡

西的，即便這有不錯的景觀，但是不用餐你也可以從餐廳旁邊的階梯上到上面去飽覽多瑙河景。後來，當然我們是完全吃不完的，一份根本完全沒動的請他打包。

沿著漁夫堡可愛的城牆走，不知道為何在靠近聖史蒂芬騎馬雕像這頭竟是要購票才能上去的？我們已經在另一邊上去過了，也拍了全景照片，這一頭應該差不了太多吧，得趕快回旅館休息一下，不然晚上看表演一定會睡著。

我們的一日券時間是到下午四點，必須趕在四點前搭上巴士，這樣到地鐵站再買另一張24小時券即可。

這個24小時交通券只能在地鐵的售票處買，巴士上只能買單程票而已。巴士剛好在15:55出現，一切都是那麼的剛好，我們給司機看票之後就上車了，育胤還很擔心超過時間我們還在車上會不會怎麼樣？我覺得應該是管上不管下吧，我在期限內上車，就應該可以搭到目的地才對，不會那麼小氣的要我下車。事實證明我想的是對的，因為我們遇到查票員上車來查票，我給他看我的票，他並沒有說什麼。但是旁邊看到一個外國妞逃票被抓到，她拿出一張一次票，但是上面的號碼似乎不是這台車的號碼。查票員是兩個人一組的，我看到另

買到新的票，待會兒換我們被罰錢囉！這次運氣不錯，我選的那個入口下去就是一個售票窗口，還是一樣買一張24小時券，雖然我們明天中午就要去東北方的郊區溫泉了，但是這段期間搭來搭去的，買24小時券還是很划算的。

到旅館之後，仔細想想那個往羅馬尼亞的巴士到底是怎麼回事？用電腦把EFI Travel的網頁開出來，上面是沒說去哪裡買票啦，但是連絡電話是布達佩斯這裡的，打電話去問問吧！電話接通，那個先生竟然跟我說他不會說英文，這是在瞎什麼啦？不過我也不笨，昨天晚上我訂了後天從郊區回來之後的旅館，因為現在住的這家已經沒房，所以我訂了同棟另外一家，就去那家的櫃台請他幫我打電話問，順便問寄放行李的事，這樣我們就可以輕裝去郊區玩了。

一個查票員在打票機中放進一張空白的條子，並把條子上打出來的號碼拿給另一個查票員，當我聽到罰8000Ft時，真是嚇了一大跳，果真是罰很重，單程票應該400Ft左右而已。當場那個妞有掏錢出來，也沒多辯解什麼，查票員開了單子，還要她簽名。真的很不懂，整路都是查票員的城市，又知道會有高額罰款，為什麼還是有人會抱持著僥倖的心呢？

地鐵站的出入口很多，有些出入口是沒有售票處的，早上我們鑽出來的那個出口就是沒有售票處的，得換另一個出入口進站才行，不然沒

去到那裏，先請櫃檯小姐幫我算房錢付Ft的話要多少錢，因為網頁上顯示的是歐元。算好之後，也問好行李可以寄放，接著就是請她幫我打電話詢問。櫃台小姐人不錯，

馬上幫我打電話去，真的是有車到 Baia Mare，他還問我要在哪裡搭，小姐幫我們選了離旅館最近的車站，並要我寫給她我們的名字，當場就幫我完成預約。電話那頭的人講的地點她似乎不是很清楚，她還很熱心地幫我上網查了一下，並在地圖上畫給我看。到這裡我稍稍的放心了，等明天去火車站時，早一點去上車的地方瞧瞧，應該就OK了吧？！

民族舞蹈音樂
（Hungarian Folk Ensemble and Orchestra）

表演的場地離鏈橋不遠，七點四十分左右我們就已經抵達，外觀看起來果然是不太起眼，入場前還有人先幫你拍照（等等要賣你照片的），真的是為「觀光客」特別準備的地方。

表演有一個半小時，上下半場各有45分鐘，總共十五首曲目。表演的場地其實不大，就算坐在後面應該也都還看得清楚，買二等位就可以了啦！我們是選在前區的二等位最後一排（再後面一排就是最貴的一等位），好處是前面都沒有坐人，視野很好拍照很方便。

上半場表演完後，我實在忍不住開始跟育胤討論了起來。

我：那個第二小提琴是不是拉得亂七八糟？（因為我實在很怕是我的耳朵有問題）是他技術的問題還是音沒調準？

Danube Palace劇場入口

育胤：天呀！連你都聽出來了，那顯然真的很糟。

我：那一下拉下去，什麼奇怪的音都有呀！

育胤：是根本沒調準啦！但是手按的位置也都不是很準，所以加起來就是一整個恐怖。

所以，真的就是給觀光客看的啦，難怪昨天那個售票先生不是很推今天這場，一直叫我們去看昨天晚上另一個團的表演。但是跳舞的部分就很不錯啦！下半場也在這種輕鬆的表演樂中結束了。因為中間休息時間還蠻久的，結束時已接近十點了，走到鏈橋欣賞一下多瑙河的夜景，看著河畔乘涼看足球賽強強滾的人群，想著今天真是過得好充實呀！

7／5

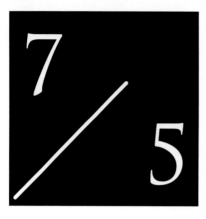

匈牙利・中央市場

今天中午才要去搭火車到鄉下玩，考量明天回來之後也晚了，後天就要離開匈牙利，趁著早上的空檔應該去中央市場採購一下紀念品。因為還有兩周多的行程，紀念品可以買但是不可以選太重或是太難帶（例如易碎物品）的東西。昨天已經試過搭了各種交通工具，已漸漸看懂地圖上的標示，今天就搭電車去轉地鐵吧！順便考察一下我的參考書上沒有標示的地鐵四號線，布達佩斯這條新的地鐵線是今年（2014）3月28日才通車的，是最新的一條地鐵線。嶄新的車站寬

大而明亮，而且位於很深的地下，電扶梯好長好長唷！也因為有這條線的關係，可以搭到Fővám tér這一站，從有電梯的那個出口出來就到中央市場了，十分方便。

中央市場

我們到達中央市場時才八點，有不少店家已經在營業了，也有不少還處於休息狀態。一樓除了賣紀念品的攤位之外，也有很多賣肉、賣蔬菜水果的攤位；二樓則是賣紀念品、賣衣服的攤位及一些飲食攤。我們在二樓找了一家店吃了一隻大雞腿之後，看到隔壁幾家店都有賣一種名為「Mojito」的飲料。這種飲料不便宜，一杯就要1290Ft，送來之後一喝就知道裡面放了檸檬、柳橙及新鮮的九層塔葉子。不要問我怎麼那麼厲害，因為飲料裡檸檬及柳橙都看得到，另外，漂在裡面的葉子那個九層塔的味道那麼特別，只要舌頭沒壞掉的人都喝得出

來。我們喝飲料，旁邊的男人則是在喝酒。一大早就喝酒，真的是很奇怪的地方？

紀念品店賣的東西大同小異，各家的標價也都差不多，看到最多的就是辣椒粉、酒及各式刺繡的商品（例如：衣服、桌巾、圍裙、隔熱手套……）。當然平常常見的鑰匙圈、磁鐵、紀念T恤也都有賣。逛了一大圈之後，我決定買個辣椒粉跟兩小瓶匈利特產的健胃酒——Unicum。這種酒據說由數十種香草製成，可以健胃整腸促進健康，雖然沒有試喝，不過想當然耳一定是超級難喝的。你想想我們身邊有多少好吃卻不健康、健康卻不好吃的例子就知道，這種號稱健康的酒一定是超難喝的。

回旅館收好行李，十一點左右準時退房，把行李寄在明天回來要住旅館櫃檯後，我們就往火車站出發了。因為後天早上得拖行李到火車站旁邊搭巴士，所以我們希望不要經過太多需

· 中央市場門口

要搬行李的樓梯（最好是一個都沒有），不然會很辛苦。如果要搭地下鐵，從進站閘口到地面這一段幾乎都是沒電梯的，到火車站後出站時又會遇到一段一樣的地方。如果可以搭巴士或是軌道電車，都是平面的就會輕鬆許多，因此今天輕裝先走一遍不上下樓梯的巴士路線。從地鐵站旁的大馬路上，搭巴士只要兩站就到東火車站了，果然一路可以拖著行李抵達，頂多就是上下巴士那兩階而已。

時間還早，先去看一下後天要往羅馬尼亞搭車的地方。根據昨天小姐畫給我的地圖，是有找到位在Kerepesi út這條路上的Agip加油站，但是旁邊並沒有看到停車場？因為她還有提到Lóvásár u.這條路，所以我們又沿著這條路走進去看，沿路走一邊想：真有巴士會開到這麼小的巷子裡面來載客人嗎？整路走到底並沒有看到什麼巴士的停車場，心裡真是一堆問號。當我們回頭往外走，的確在這兩條路的交叉口，看到有一小塊可以停

車的停車位，但是真的是在這種只能算是路邊停車格的地方等車嗎？看來得再想辦法確認才行！

考察KFC

離火車開車時間還有四五十分鐘，正盤算著要去看一下匈牙利的麥當勞，但是一出站就讓我看到對面有KFC，馬上決定換成考察KFC吧！第一次搭火車，其實我們也不敢混到太晚才過去，畢竟還不知到月台在哪裡勒！所以點好餐之後，直接跟他說要外帶。我們點了一份雙人分享餐，有一個卡拉雞腿堡、五隻小雞翅、薯條及飲料，價錢是1790Ft（約合台幣240元）比臺灣貴。付錢之後的發票上有廁所的密碼，因為在這裡上廁所都是要付錢的（150~200Ft），當然KFC也不會免費給你用囉！最奇怪的是，KFC裡面竟然沒有開冷氣，大面的玻璃把裡面搞得跟溫室一樣，坐外面都比在裡面涼快，這樣怎麼會留得住客人呢？還是他根本希望你吃完快滾？

太多的站，想想火車應該都是準時的，用手機設個鬧鐘，我就放心地關機了。沿途迷迷糊糊地有睜開眼睛幾次，窗外都是一樣的鄉村田園風光，火車路線並沒有與公路並行，也沒有辦法看到除了植物之外的其他東西。

匈牙利火車初體驗

走回火車站12:10已經可以看到我們搭乘的車是停靠在第一號月台，趕快往第一月台移動。夭壽唷，這個第一月台真是遠得要命，幸好沒太晚回來，不然可能車都開走了我們還沒走到，看來如果有拖行李或是腳程慢的人，真的要提早半小時在大看板前等才行。我們搭的這班是對號快車（IC），除了車票之外還得付座位費用，全車對號，沒預約是上不了車的。車上是六人一室的座位包廂，位置倒也還算是寬大舒適，包廂內有空調，每節車廂也都有一間廁所。上車之後我們這個包廂還有另外兩個人，但是我們還是很沒禮貌地開始吃起我們的KFC，沒辦法，我真的餓了。這車的車速不慢，沿途也沒停

密什科茲（Miskolc）

兩個半小時後火車準時地開進密什科茲火車站，很多人在這邊下車，這是匈牙利第三大城（實在是看不太出來，感覺真的好鄉下）。火車站並不在市中心，要到市中心得換搭一號或是二號有軌電車，因為有查網友的介紹，知道售票亭的長相，很快我們就買到車票了（其實可以在這邊一次買三張，因為同個城市的交通票券都長得一樣，等等要轉搭巴士也是用一樣的票，三張是還包括明天得從溫泉區再搭出來的那一段票。）

上車之後，我把票放進那個打票機，卻沒有任何反應？正當不知道怎麼辦時，司機馬上衝過來說要幫忙，原來那是一台舊式的打票機，票

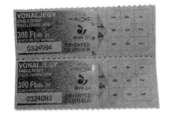

放進去之後得手動推它打票，跟之前在保加利亞搭巴士的機器是一樣的原理。搭四站就會到市中心，因為不知道其實在下車處往前走，跨過馬路之後，即可在垂直的馬路上轉乘進溫泉區的2或20號巴士，所以我們繞了一大圈走到巴士總站去搭。不過也不是太遠啦，順便去確認一下明天往艾格爾的巴士時間，明天才不會傻傻的花很多時間等車。這當然是自我安慰的說法啦，你住的旅館應該都可以輕易地幫你查到往艾格爾的巴士時刻表。我們問到的是早上有8:00、9:30、跟11:45三班。

往溫泉區方向的巴士差不多一小時有三班，車程約20-25分鐘。這裡的站牌上都容易看到站名，只要坐在靠右側的窗邊注意看，應該都不至於錯過下車的地方。我們預定的旅館位於溫泉的前一站，下車之後完全看不到任何標示，問了路旁餐廳的服務員竟然說不知道，到底是真不知還是不想理我們，我就不知道了。反倒是一桌正在聊天的客人，拿了我手上的旅館住址過去看，用他的手機開地圖幫我搜尋，熱心的幫我找到往旅館的道路。

這一帶小旅館不少，育胤是看了別人的網誌介紹所以選了我們住的這一家旅館。旅館是一棟三層樓的建築，整體來說很新、很乾淨、佈置的也很漂亮。我們在房間把東西放下之後，拿了泳衣就快快往溫泉出發，如果可以早一點進去，說不定就不會像前天一樣被冷到皮皮挫。我跟育胤說：如果這裡還是跟聖齊尼溫泉那樣冷的話，我寧可花錢只拍照也絕對不要下去。

（左下）巴士總站
（右上）Information
（右下）原本可以輕易轉乘巴士處

洞穴溫泉
（Miskolctapolca/Barlangfürdő）

從旅館走過去其實真的不遠，大約十幾分鐘就走到了，我們抵達時已經四點半了，可以買last minute的票（四點到七點），平常3300Ft的票價在這個時段只要1700Ft真的是很划算。我們走到售票窗口，售票的阿嬤直接跟我們收1700Ft，不會欺負外國人看不懂就不賣你優惠票，算是個很誠實的地方。

進到裡面，我們先去整個走一圈參觀一下，因為洞穴是在室內，雖然也是個「溫」泉，但是相對來說不會吹到風，比較沒有那麼冷。另外也有兩池是比較熱的「熱泉」，這樣應該是可以下去玩的。因為我怕冷，換好衣服之後先去洞穴區那邊溫度比較低的，等不玩了再去熱一點的那邊。

這個在鐘乳石洞裡的溫泉很有趣，一開始每個叉路會通到哪裡都不知道，很像在玩探險遊戲。雖然燈光並不是很充足，但是人多感覺就不會恐怖，跟著人群在裡面鑽來鑽去，順便抬頭欣賞上方的鐘乳石千奇百怪的形狀，真的好好玩。很多人都不怕相機濕掉，在裡面猛拍照，我是只敢把手機放在防水套裡隨便拍個幾張。

· 旅館

· 洞穴溫泉入口

· 費用表

熱水池

戶外的游泳池及野餐園

裡面最特別的是有一個頂上綴滿星星的星空洞穴,進去裡面的光線更昏暗,小孩一直鬼吼鬼叫扮鬼,情侶們則是一直親來親去、摟摟抱抱,我則是靠在旁邊一個按摩水柱旁,用水柱按摩我的雙腳,並且看熱鬧。哈哈!每個人在溫泉池裡做的事可真是不同呀!

六點開始就一直陸續聽到不知道在廣播說什麼,今天這個溫泉真是好玩又舒服呀!當我們沖洗完並換好衣服出來,時間差不多快七點了,外面的游泳池、戲水池都已經清場完畢,人都進去換衣服了。今天這樣的時間是夠的,沒有帶小孩不會像這些帶小孩的人一樣可以玩一整天,推薦要來玩的人跟我們一樣四點過後進去就好,省錢又好玩唷!不知道是不是因為這裡的天氣溫度比較高,還是泡完溫泉比較不怕冷,離開之後,原本感冒不舒服的情形好多了。

匈牙利真奇妙,一個溫泉把我搞到生病了,另一個溫泉把我治好,真的是打平了呀!

匈牙利・艾格爾

早上預計搭乘7:17的巴士到巴士總站，七點到樓下時竟然空無一人，我們還沒付錢也不能就這麼跑掉，打了門上的電話也沒人接，只好坐在那邊等老闆。幸好沒多久老闆就出現了，因為怕錢會不夠用，所以我們用歐元付了房錢。很多地方除了福林（Ft）之外都可以用歐元付款，只是匯率好與不好的問題而已，用300換算的就算是有良心的，狠一點的會用250跟你算。慢慢的走到巴士站，車子準時的出現，接著我們也順利的抵達巴士總站（就搭到最後一站要出錯也很困難啦！）。

車站有一家麵包店，上車前先去買麵包當早餐，才不會一路餓到目的地。這裡觀光客似乎少了不少，路上的人都一直偷看我們，大部分的人不會講英文，但應該聽得懂一些，所以我們問到他不會講的時候，他就用指的、用寫的或是乾脆自己帶你去，很是熱心。

（上）大教堂
（下）大學圖書館

8點往艾格爾（eger）的巴士準時的開了，車票是上車時直接跟司機買的，只要地點講對基本上是不會有問題的。車開得不快並沿路停車載客，一有人上車司機就要打票、收錢，應該算是危險駕駛吧，搞到9:30才到艾格爾。下車時有一個大看板顯示這裡前往各地點的班次時刻表，回布達佩斯的車很多，幾乎每半小時就有一班，隨時來等應該就可以，這裡沒人在提前預約買票的。

大教堂

巴士總站位於艾格爾的小山坡上，旁邊最近的地方就是大教堂，今天星期天有做禮拜，很多人往大教堂裡走，當然我們也跟著走進去囉！教堂算是蠻新的，裡面寬大可以容納不少人，後面上方有一個好大的管風琴。10點燈亮了，要開始作禮拜了，大家都先起立、唱歌，然後坐下後前面的神職人員開始不知道唱些什麼，中途有些時候大家會一起唱幾句，一整個就是看不懂。看了一會兒，也聽到管風琴

的演奏後，我們就離開了。我個人是
蠻喜歡有在使用的教堂啦！感覺就很
有生命力，有些沒在用的教堂即便很
漂亮，沒在用就失去它原來應有的感
覺、存在的意義。

大學圖書館

大教堂的對面有一個大學圖書館，當
初設計好了也蓋好這個圖書館之後，
突然決定不蓋學校了，所以現在只
有圖書館可以參觀。裡面得付費才可
以進去，大概是年代已經久遠，只能
遠觀不能褻玩焉，那些在架子上的書
不知道到底還可不可以翻開？裡面不
能拍照就用描述的好了，那是一個很
像怪獸大學（電影）裡的圖書館，書
架都直達天花板，用很高、可移動的

樓梯去拿在上面的書，所有的書依字
母放置，每個字母都有一大格從天到
地的空間。兩側還有窄小的迴旋梯可
以上到上方的閣樓空間，也全都是藏
書。另外，可以窺見兩側的臨室也都
是圖書館的範圍，一樣放了滿滿的
書。這裡不少觀光客來，我們在裡面
的期間就遇到三團不同的團體。

天氣好熱，走到德波伊斯特凡廣場
拍了聖方濟派修道士教堂，廣場正
在整修，一整個亂七八糟的。我實
在是熱到完全的處於沒鬥志的狀
態，根本不想走去看什麼城堡。隨
便路上找了一家叫Cherry Gösser的
店吃午餐，先休息再說。小鎮的好
處就是物價比首都布達佩斯真是便
宜了許多，這一餐打算大吃一頓，
明天就要離開匈牙利了，得試試一
些奇怪的匈牙利食物才行。翻書

·這一家公寓式旅館的房間也很不賴唷！

對照菜單，選了水果冷湯（Hideg Tejszines Gyüm lcsleve），這是用櫻桃、小紅莓、覆盆子等紅色的漿果們製成的夏季特調。另外點了魚湯（Halászlé），當然不會是臺灣的薑絲口味，而是跟匈牙利牛肉湯差不

多的口味，他們可能無論煮什麼都是一樣的湯底吧？這算是高貴的湯，跟吃一道主菜差不多的價錢！當然主菜就選匈牙利燉牛肉（Marhapörkölt tarhonyával），這一次的配菜竟然不是馬鈴薯而是米粒般的通心麵，實在是特別。吃飽看天氣還是超熱，我根本就偷懶不想走，育胤說她可以自己走去城堡晃晃，而我就留在店裡打著我前天的旅遊日誌，順便看看當地人都在店裡做什麼。

很多餐廳有提供免費的Wifi可以使用，這裡也不例外，但是我看當地人並沒有很多一坐下來就拼命划手機，所以當我拿出筆電來打字時，很多好奇的眼光頻頻打量我。並不是他們不使用智慧型手機，像我昨天問路時，那個先生也是馬上拿出他的手機開地圖幫我搜尋，而是他們用手機而不像有些人是被手機用。他們多半結伴而來，坐下來就是喝咖啡、喝啤酒然後一邊聊天，也沒看到有人邊聊天邊划手機打卡的，頂多就是邊聊邊偷看我罷了！

匈牙利的人偷看真的就只是偷看，就是偶爾視線飄過來瞧一下，馬上就轉開了，不像有些國家會一直盯著你

瞧，被看的感覺還不至於會到令人不舒服的程度。反正你看我，我也看你，不吃虧的。下午的天氣明顯比中午更熱，三點應該是最熱的時候吧，整個人覺得快要融化了。等育胤看完城堡及地下迷宮回來，我們搭了16:45的巴士回布達佩斯，這班車是有冷氣的真是太棒了，不過還是沿路一直停車載客，還會繞到一些小村莊內，整整搭了兩個小時才回到布達佩斯。下車處是地鐵二號線的Stadionok站，直接搭地鐵兩站就可以回到旅館，因為我們明天一早就要離開，所以也就不必再買24小時票，直接買單次票即可，一次買兩張連明天的票都先買好，明天就可以直接搭巴士離開。

出地鐵站後，看到有Tesco的標示，想說走去Tesco看一看好了，不知道會不會比較好買？這一家Tesco好小一間，真是太令人失望了，飲料也沒比樓下的雜貨店便宜多少，我看還是回旅館樓下再買就好，省得得提一大段路。

仔細想想，今天這樣一天也沒去多少地方，也沒走到什麼路，但是這樣很熱的一天也是很耗體力的，晚上大概

也沒啥力氣再去哪裡了，就去路口那家位於五星飯店（Boscolo Hotels）裡的紐約咖啡（New York Caffe）喝個咖啡拍拍照。

紐約咖啡

這家咖啡店裡面真的很金碧輝煌，像在宮殿裡喝咖啡一樣，跟那天在亞歷

紐約咖啡門外的裝飾

山大書店裡的咖啡廳走一樣的風格，當然消費也就不斐囉！點一杯熱拿鐵要價1290Ft還得另外加稅及服務費，當然以吃氣氛的性質來說，其實並不算是太高，但不算是平時常會去的地方就是了。

到此算是結束匈牙利的行程了，回到旅館樓下，把明天車錢以外的零錢都花光，買一些吃的喝的，一路要搭到羅馬尼亞的巴亞馬雷（Baia Mare）車程可不近，中間過邊境還不知道會搞多久，自備糧食以免餓死吧！旅館的冰箱可以幫我把飲料都結冰，明天整路都有冰飲料可以喝，心情應該會很美麗。

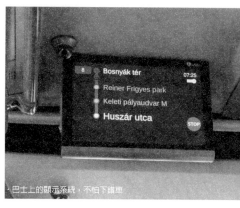

· 巴士上的顯示系統，不怕下錯車

羅馬尼亞・前進羅馬尼亞

早上起來收完行李去退房，實在是對那天櫃台小姐幫我問的乘車處有些疑慮，再請櫃檯的先生幫我們打電話去 EFI travel確認，結果説的跟那天櫃台小姐講的地方一樣，那應該是錯不了的，而且他説車子是黑色的。我其實蠻懷疑的，如果我們跑錯了地方，司機找不到我們，他到底可以怎麼辦？這種不需先購票只要預約的系統，如果有人跑掉了，他位置又賣不了別人，豈不是虧大了？生意怎麼是這樣做的，他們真的好奇怪唷！

奇妙的候車處

搭巴士到火車站之後，我們拉行李走到kerepesi út與Lóvásár u.的交叉口，在靠近Agip加油站那一側有一小區停車格，據説就是等車的地方。因為時間還早，我們坐在馬路對面陰影處的椅子上等，到八點時才走過去。繞

了一下我都沒有看到黑色的車子上有寫到巴亞馬雷的，不過路邊還站了不少人看起來也像是在等車的樣子，因為這裡不是第一站，所以應該是等等才會繞過來接我們吧！話雖如此，還沒看到車其實還是有點擔心的，萬一沒搭到這班直達車，就得去搭火車，中途還得轉車實在是有夠麻煩的。

當車子在八點十五分左右出現時，老實說我真是大大的鬆了一口氣。一台黑色的九人座擋風玻璃前放了巴亞馬雷的字樣，司機還對我點點頭，還真的是在這個奇妙的地方上車！除了我們之外，車上已經有一個阿嬤，後來又上來好幾個阿嬤，看來應該是妥當的，不至於會被載去賣。整台車在這一站全都載滿了，看來如果沒先預約，很可能會上不了車，因為這車連站的位置都沒有唉！

都坐好了之後，司機跟大家拿票，除了我們大家都有票耶，不知道是不是從羅馬尼亞那邊買的來回票？因為我們沒有票，所以司機得負責開票給我們，他還跟我們要護照去抄了名字及護照號碼，給了一張寫了很多字的票。票價跟網頁上看到的一樣5900Ft，我們共給他12000Ft，他沒找零給我們，不過不是差很多就算了。

這個司機很守規矩，要大家都必須繫好安全帶，檢查好了才開上路。前兩個小時都開在應該是高速公路的路上，車子飛快地奔馳著，比起昨天搭的大巴士速度快上許多，車上也有冷氣空調，一整個舒適到不睡不行。10:30車子在一個加油站停了下來，應該是給大家上廁所、喝咖啡跟伸伸腿吧！我們繞著販賣部外圍想找廁所，但是都看不到，害隔壁的阿嬤跟著我們搖搖晃晃的也繞了一圈，後

・乘車處是火車站側門對面的停車位？

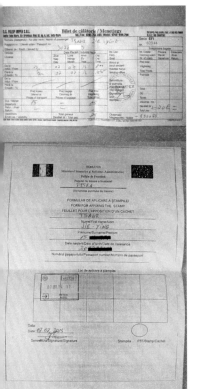

來她竟對我們做了一個蹲馬桶的動作，哈哈哈，應該也是要找廁所！所以當我看到廁所是在販賣部裡面時，就招手跟她比，用演的真的很好玩。

上車之後，阿嬤給我們看她的手錶，意思應該是叫我們調時間，羅馬尼亞與匈牙利有一個小時的時差，要把時間往後調一個小時，這樣跟臺灣的時差就是五個小時。所以，票上說抵達的時間三點半，指的應該是羅馬尼亞時間，這趟的車程應該是六個小時左右。

（EFI Travel電話 0036-30-2235924/0036-30-2235920，不會說英文，要請旅館的人幫你打電話預約。除了巴亞馬雷之外，也有到塞圖馬雷Satu Mare）。

過關等很久

在天氣正熱的十二點多，我們抵達了邊境，看到長長的車龍感覺很不妙，光是排隊就排了很久。好不容易終於輪到我們，那個海關人員看了我們的護

（上圖）巴亞馬雷巴士總站
（中圖）匯兌所
（下圖）入住的旅館就在往市中心主要幹道上

照後就收走了，並叫司機把車開到前面去等。大家都不知道是怎麼了，也不知道要等多久，只有我們兩個心裡有數，應該就是我們兩個害整車卡在這裡的。車裡超悶熱的，只有司機站在車下等，大家都還是坐在車上，只是把門打開稍微通風而已。約莫等了半個多小時，海關人員拿了大家的證件及我們兩個的護照出來，其中我們兩個的護照還各夾了一張A4的紙。只見他嘰哩咕嚕的跟司機不知道交代什麼，才把所有的東西都交給司機，我們的司機一個個把證件發給大家，發給我們時還不知道什什念了什麼。他明知道我們聽不懂，應該是盡責的轉述剛剛海關人員的交代吧！總之，我猜應該就是這一張要保管好，不能弄丟之類的。（PS.每次都自己胡亂配音啦！）

我們的護照進入羅馬尼亞是免簽的，但是不知道為什麼，他們國家的入境章就是不可以蓋在我們的護照上面，那一張紙就是寫了我們的基本資料後蓋上入境章的，想必出境也得靠這一張，弄丟了的確是會很麻煩的。

我們的護照發回來時裡面已經有匈牙利的出境章了，還好匈牙利出境及羅

馬尼亞入境只要排一次隊就好，我們是在羅馬尼亞海關這邊處理的，而道路的另一側要離開羅馬尼亞進入匈牙利那邊的車，我看是在匈牙利的關口那側處理的，這樣加快作業的方式的確比較人性化。

要錢的吉普賽人

在四點左右我們抵達了巴亞馬雷的巴士總站，一下車就遇到要錢的吉普賽人，令人感覺有點怕怕的，初到一個國家就來到一個看起來有點荒涼的巴士總站，又有流浪的要錢者，應該要好好提高警覺才行。我訂的旅館離總站走路大概要十分鐘，先確認明天往西給特（Sighet）的巴士時間，就慢慢往旅館方向走去。

今天住的這家旅館是三星的，有游泳池跟三溫暖，可惜我們沒啥興趣。問好旅館櫃檯去哪裡可以換錢之後，我們就出門開始羅馬尼亞的探險。不知道為什麼天氣真的好熱，已經傍晚了太陽依舊曬得我手都痛了？

沿著旅館前的大馬路往市中心走，沒多久就看一個很大的超市及很大的麥當勞，超市內的換錢窗口已經關閉了，經過收銀員的指點，我們在超市轉角旁找到匯兌處。其實並不知道這裡的匯率如何，但是因為沒換多少錢，覺得應該差不了太多啦！超市的樓上有賣二手衣的店及紀念品店，巴亞馬雷這裡有好多二手衣的店，他們真的那麼喜歡買二手衣嗎？這羅馬尼亞的紀念品店賣的東西跟匈牙利和去年在保加利亞看到的都差不多，有一些木雕品、刺繡衣服……等，看多了實在不知道有那些是比較特別的？會不會這些東西都來自工廠大量的生產製造？產自於羅馬尼亞的工廠還好，如果是made in China應該會令人昏倒吧！沒有人想在這裡買個來自中國的紀念品的。

超市裡有賣熟食，看起來也很好吃的樣子，有我最喜歡的雞腿，還有看起來像雞肉炒飯的東西。我們決定外帶大雞腿跟炒飯回旅館當晚餐，今天就不去考察麥當勞了，在羅馬尼亞還有很多機會的。

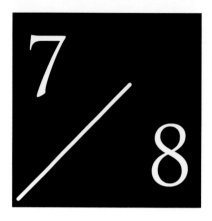

7／8

羅馬尼亞・西給特

旅館的早餐是七點開始供應，但是我們的車是七點半的，只好忍痛放棄。早點去巴士站，如果遇到還不錯的計程車司機，也可以談談看包車的價錢。結果當我們走到巴士總站的時候，等在那裏的只有一個長相看起來不太友善的計程車司機，看來不是個好相處的角色，想想還是搭巴士比較保險。

車子是中型巴士，今天要搭的人有點多，我們坐到最後的兩個位置，真的要早點去，省得沒座位得一路站到西給特，出來玩可不是來練腿力的。收票的是個有著和藹笑臉的阿伯，上車前我們跟他說要去西給特，他就記起來了，來收錢時跟我們比了五五二，我以為是兩個人五十塊，結果後面一個熱心的妞跟我們說是一個人十二元。喔～難怪阿伯要比五五二了！付了錢，阿伯從手上的本子撕票給我們，因為票要適用於各個不同地點、不同票價，所以是長長的一張，付多少錢他就撕多長給你，付越多錢的車票就越長，如果一張還不夠，還會給到第二張唷！

一路都是山路，如果沒位置坐真的會很慘，會暈車的也很慘。怕暈車的我只好趕快讓自己昏睡過去，表訂的一個半小時我們搭了兩個小時才到西給特，這算是賺到嗎？每次我都遇到這種我不想要加量的行程呀！下車的巴士總站是一個好荒涼的地方，昨天的總站雖然恐怖，至少旁邊有店、有人、馬路有車；這裡的總站真的只能說荒涼，吼～又不是在演西部片！四下張望雖然我昨天選了個離巴士站頗

近的旅館，但這四下除了草，也還是雜草而已，完全不知道身在何處。剛剛那個熱心的妞也下車伸腿，我請她幫忙問旁邊的阿婆知不知道我們要去的那家旅館，阿婆說：走路走不到要搭計程車啦！接著妞兒帶我們進巴士總站去問叫計程車的電話，還幫我們打電話叫了計程車，計程車最後也順利的把我們送到旅館。看來，羅馬尼亞的人真的很好，雖然說不太通，但都會盡力幫忙。

到旅館時間還很早，我們也沒打算立刻進房間，問櫃台小姐可否幫我們打電話叫計程車去看木教堂及快樂墓園，把要去的三個點寫給她，請她幫

· 里尤德教堂旁的墳墓群

· 教堂裡的壁畫保存的很不錯，舊島也很特別。

我們問問要多少錢。她幫我們打電話給她朋友（有錢大家賺吧！），一開始要價一百歐元，我跟她說好貴，我要考慮一下，後來她電話講一講說他朋友願意降到八十歐元，這跟我們在書上、旅行社問到的價錢差不多，與其再去外面攔計程車雞同鴨講，不如就讓她朋友載就好，至少是旅館介紹的，應該比較不會有問題。

里尤德（Ieud）木教堂

第一站我們先到的地方是馬拉姆迪殊（Maramures）區域最古老的木教堂

· 山丘教堂

——建於1364年的山丘教堂（Biserica din Ieud Deal / Hill Church），是獻給聖母瑪利亞的教堂。此處據說在11到12世紀是一間修道院，在這裡發現最早的書可以追朔到1391-1392年之間，裡面包含了由神職人員寫下的羅馬尼亞最古老的文字。教堂的主體是由杉木所建造的，屋頂用的則是橡木。裡面的繪畫則是畫於18世紀（1782年），屬於拜占廷風格。因為教堂大門深鎖，司機還得去叫人來開門。教堂旁邊是一大片的墓園，這裡墓園每個墳墓上都有一個十字架，十字架的種類風格都各不相同，還好是大白天來，晚上應該會很恐怖吧！

付了門票（4 lei）後，看到禁止照相的標誌我就把相機收起來了，但是收票員跟我們的司機說：如果我們不用閃光燈就可以照相。那真是太棒了，之前遇到不能拍照的教堂，回去常想不起來裡面到底長成什麼樣子，能拍起來對我這種記性不是太好的人來說的確是比較理想的。裡面的壁畫看起來蠻好的，不知道是不是已經經過清理了，除了某些部分剝落不清之外，大部分都可以看出原本要描繪的聖經故事們。

因為是東正教的教堂，所以從裡到外共分為三個部分，每個部分都有漂亮的彩繪。這個教堂周邊的腹地不大，

要想拍全貌就得走進墳墓堆中，我是有小心不要去踩到先人的墓，希望他晚上不會想來跟我聊天才好。另外，因為教堂的屋頂顏色很深，要來拍照應該要穿亮一點顏色的衣服，像我今天選了深紫色，簡直跟屋頂融為一體，超慘！

里尤德還有另一個木教堂——Biserica de Lemn din Ses，建於1717年是哥德式的建築，好啦，其實我承認我看不太出來這兩間外觀上有什麼不同，不過資料上顯示它是哥德式的就一定是啦！一樣得買票進去，旁邊一樣是墳墓群。進去前管理員給我們一支手電筒，一進去就看到裡面架了木架子：吼！又在整修。我跟育胤同時覺得很不開心，繞了一圈沒看到什麼就出來了。好像還是剛剛那家最古老的比較厲害，正當我們如此想時，育胤突然瞥見販賣的明信片中有一張「最後的晚餐」。「奇怪，我們怎麼沒在裡面看見？」連忙問了管理員畫在哪裡，只見他指了指上面，原來搭木架子不是為了整修，而是為了讓我們可以爬到上面去看個清楚，也因為上面沒有燈光，他才會給我們手電筒啦！

為此我們又進去了一次，爬到上面去看壁畫們，知道越多聖經故事的人可以看到越多知道的東西，如果對這些故事都不熟悉，建議先讀點書再來，才會覺得有樂趣。

（右圖）里尤德另一個木教堂——Biserica de Lemn din Ses

· 巴爾薩納修道院

巴爾薩納（Bârsana）教堂修道院

這個教堂修道院群裡的聖瑪利亞教堂
是馬拉姆迪殊地區八個列入世界文化
遺產的木教堂之一，建於1720年。這
個修道院是屬於女子修道院，坐落於
一個小山丘上，看出去的風景甚好，
建築物間廣植各種美麗的花朵，顯得
生命力十足。中央區域附近有一個涼
亭，亭中有個水井，水會源源不絕從
聖像下流出，據信此水經過上帝的祝
福，很多人因此慕名而來。

聖班薩村（Sapanta）快樂公墓

今天包車會這麼貴的原因就是這個快樂公墓根本跟木教堂在完全相反的方向，看完木教堂之後，我們得先回到西給特再往西到聖班薩村。聖班薩村很靠近烏克蘭邊境，不過看起來此地並沒有受到烏克蘭政局不穩的影響，也沒有見到難民什麼的。

快樂公墓源自於1935年，創辦人認為人死就死了，何必讓活著的人不開心，於是他死之前親手做了一個有自己卡通肖像的墓碑，用幽默的口吻描述自己的一生。有人開始就會有人學，慢慢的有人覺得這樣也很不錯，

於是墓園裡一塊塊五彩繽紛的墓碑、各式自我解嘲的字句就這樣出現了。我們是看不懂他們幽默的羅馬尼亞文到底寫了什麼，不過看圖就很多很有趣的地方，試想，你曾經花時間仔細看別人的墓碑嗎？好啦，我得承認我在做史蹟調查的時候曾經做過，還逐一抄寫咧！但我相信，到這裏是很多人第一次這麼仔細、花這麼多時間去看別人的墓碑，而且沒有一絲恐怖的感覺，只會覺得真是太可愛了。這是羅馬尼亞獨一無二、舉世無雙的景點，推薦必來唷，稱為「快樂墓園」當之無愧。

· 聖班薩村興建中的Saint Archangel Michael Monastery

免費的民俗音樂舞蹈表演

天氣很熱，雖然都坐車也是很累，回到旅館我們兩個就決定先昏倒一下，外面的太陽好像餓得想吃肉吧，火力全開，誰想在外面被烤焦呀？

六點半，看天色有一點暗了下來，應該才是可以出門的時間吧！我們問了旅館櫃檯的小姐，是每天都這麼熱還是今天特別？她說只有這兩天才這樣特別熱，我們真是運氣太好了，哼！走到主要大街上，一排連著有三家大型超市，我們就給它逛了三家，每一家都很大但是賣的東西各有不同，算是有區隔的。因為路上也沒看到什麼餐廳，最後我們在超市買了半隻烤雞回旅館去吃。

我們旅館的房間應該算是閣樓吧！在下午那麼熱的時候，裡面還可以維持一個挺舒適的溫度，開個窗完全不需要空調，真的很厲害，當然我覺得跟房子的坐向也有很大的關係。我們在臺灣如果蓋房子的方向都可以選一下，房子就會成為節能宅，以一間要住幾十年的房子來說，應該會省下好多好多的電費吧！

八點半，忽然隔壁的餐廳傳來唱歌、跳舞、樂器演奏的聲音，原來是表演給觀光客看的傳統音樂舞蹈表演，我們從陽台居高臨下俯瞰，算是賺到免費的表演，哈哈哈，今天真的是很幸運。

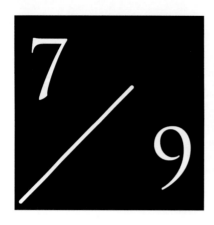

7／9

羅馬尼亞‧去哪搭車？

有別於昨天的好天氣，半夜下過雨今天一起床溫度就低了不少，甚至到覺得有點冷的程度。旅館的餐廳早餐供應時間是七點到十點，先吃完早餐再上來房間收東西吧！餐廳有全自動的咖啡機，它用的咖啡豆還不錯；除了咖啡之外，還有供應煎蛋、各式火腿、熱狗、麵包、水果……，就一般旅館會供應的自助式早餐差不多。不過，我能吃的東西有限，那些香腸火腿熱狗等的東西我都不吃，所以又只能兩個煎蛋加水果囉！

用過早餐之後，還是早點出發去巴士總站，雖然昨天售票阿伯說九點十分，不過寧可提前一點去等，也別錯過一天只有一班的巴士。請櫃台小姐幫我們打電話叫計程車，原以為這是再簡單不過的，沒想到她竟然問我們：你們要去哪個巴士站？作夢也沒想到這裡會有超過一個的巴士總站，這下真是包大了，昨天在巴士總站時沒有拍照，櫃檯的小妞也不知道怎麼幫我們叫車。我們跟小姐說我們要搭車去蘇恰瓦（Suceava），不知道這樣算不算是一個線索？她問我們車站旁邊有沒有超市？這個我們就很清楚啦，那個車站周圍什麼果東西都沒有，只有一片亂七八糟的草地。

只見她打了電話問別人，也不知道到底有沒有答案？後來她打電話叫計程車，車行應該是知道地方的，因為我們還有聽到她跟對方確認我們是要搭車去蘇恰瓦。所以，拍照還是挺重要的，有圖有真相嘛！

・西給特的巴士總站之一

練中文還是搭訕

今天計程車司機用跳錶的，到巴士總站是5 lei，跟昨天從這邊搭到旅館差不多，應該就是這個價錢沒被坑。我們到達車站時才八點五十分，看來還得等一下車才會來，旁邊一堆男人也在等車，他問我們要去哪裡？一定要跟我們說車子是九點的。還要你說，我當然是知道才這個時間來的呀！我其實一點都不想跟這些男人們雞同鴨講，不過後來有一個人過來說他會講中文，還用中文數一到九給我們聽，然後把他所有記得的中文都拿出來講了一遍，可想而知，其實是撐不了多久。接著，他就用他會的英文開始東拉西扯，車還沒來看他也不是壞人，要閒扯淡就隨他吧！

九點十五分車子終於來了，他並沒有要上車，他只是來送他朋友上車的，我們臨上車前，他寫了他的電話、e-mail給我，說有問題就打電話給他。可想而知，我怎麼會去打電話給一個根本不太能溝通的人？不過我還是收下了，他要我寫我的e-mail給他，當然我也寫了，就看他到底會不會寫信給我。依照以往的經驗，一百個跟你要e-mail的，大概只有一兩個會真的寫信給你，所以根本不用太在意。因為跟他聊得還算愉快，我拿出我的臺灣貼紙送給他，結果他把「我愛臺灣」的貼紙貼在他三爽的手機上，下次如果遇到韓國人，不是韓國人氣死就是他被打死吧！

今天車上人比較少，要坐前面一點等下才比較不會暈車。果然這個決定真

是太明智了，整路都是山路就不提了，路還很爛，車子一直左右搖晃，連想睡覺都不是很好睡呢！因為山路彎彎曲曲超車不易，如果遇到前面有人龜速，司機也只能無奈地跟在後面，伺機等著可以超過去的機會。羅馬尼亞的司機開車都蠻狠的，也蠻沒耐心的，車速快不說，遇到想超車的時候，跟車跟超近，我自己開車的時候超討厭遇到這樣逼車的。中途還遇到有人帶了一大群牛在路上走，前面那台車怕撞到牛就停在路上，想等牛全都走過去之後再開，我就聽車司機噴噴的直搖頭。

後來某一站上來了許多人，有些原本自己坐的，也只好跟不認識的人一起坐，他們大概也是屬於喜歡聊天的民族，我看他們不認識的也聊得很開心。另外，這裡的人應該也都挺好的，會互相幫忙，例如車子在某次轉彎的時候，一個行李箱滾了下來，就躺在走道上，因為也沒礙著誰就任它躺在那兒。不過後來有人上車，就得跨過那個行李箱很不方便，只見一個先生就站起來把那個行李箱放回原來的位置。

一直被看

到羅馬尼亞已經好幾天了，大概因為都是在鄉下地區吧，他們可能很少看到東方妞，明顯感覺看我們的人變多了，看的時間也變長了，看的方式也不像匈牙利人那樣保守、含蓄。我當然知道他們看我不是因為我太美麗，而是我太怪異！

本來預計兩點二十分會抵達蘇怡瓦的車，可能因為下雨的緣故慢了近一個半小時才抵達，下車時還在下雨我們就攔了計程車直奔旅館。我們下車的地方並不是巴士總站，而是進到市區我們跟著當地人就下車了，計程車阿伯收了我們7 lei，這幾天搭計程車都不算是太貴。

放了行李就趕快出發去找旅行社，昨天我有寫e-mail問AXA旅行社去看彩繪修道院的行程，他回覆說明天沒有人要去，所以我們只能兩個人包一車，一共是80歐元（這是沒有導遊的價錢）。我們想去周邊繞繞、問問看，最好可以有別人一起，參加個有

· SF. Dumitru教堂

蓋（guide）的團，應該會比較有趣些，每天都只有我們兩個人，偶而也要跟別人一起玩一下呀！

問了旅館櫃檯他們有沒有一天的旅行團，小姐說沒有，我們只好自己去外面找囉！旅館隔壁幾間就有一家旅行社，但是我們進去之後，才發現裡面的員工沒有人會說英文？這會不會太奇怪了呀，只做本國人的生意嗎？下雨天，街上冷清的有點恐怖。路上的旅行社不少，但是多半是出國的行程，而不是本地的行程。好不容易看到某一家有貼Dialy Bus，我們就進去問了，小姐打完電話說明天沒有出一人25歐元的團，要後天才有，如果我們明天要去的話，一車是80歐元。看來這裡似乎就是講好都這個價錢了吧！接著我們又往前走，竟然在一家賣金飾的店看到貼出一樣的一日團

廣告，恰巧遇到負責的人從裡面走出來，他說明天沒有其他人，要去得包車，他可以給我們的價錢是70歐。到這裡，我開始懷疑這些人的說法了，可能根本就沒有併團這一回事，他們只想叫你包車去。

其實仔細想想，羅馬尼亞的油錢是臺灣的兩倍左右（一公升65元台幣），一日遊大概要開250公里左右，光油錢就很可觀了，也難怪價錢很難壓低。再沿路逛逛想想吧，反正晚上請旅館櫃檯幫我們打電話確認其中一家，明天一定是可以去的。

Sf. Dumitru教堂

這個教堂就在我們旅館旁邊，經過的時候它正在敲鐘，叫大家進去禱告。

從外面就可以聽到裡面吟唱的歌聲（它有用擴音設備把聲音接到外面播放），當然我是一定會去看熱鬧的。一直有人陸陸續續走進來，看來這裡有很多人會進來禱告的，而且大家應該都很虔誠，很多人都跪著。

東正教女士進到教堂裡面應該都必須要把頭包起來，可以看到從外面剛進來沒有包頭的女士，一進來就立刻拿出頭巾把頭包起來。也因為她們這樣，我們就只是站在最外圍那一室看而已，沒有再進去裡面。東正教的教堂分成三層，第一進（第一室）是給外邦人用的，第二進是女人用的，第三進是男人用的，最裡面就是神職人員所使用的囉！每一進牆壁上都有彩色的壁畫，跟之前看到木教堂裡的彩繪壁畫有些相似也有些不相似。相似的就是聖經故事的場景，不同的是表現的手法及技巧，這就跟繪畫者有很大關係了，每間看起來都會有所不同。教堂的外牆也隱約可以看出原本有溼壁畫的痕跡，但應該是年久失修，很多都已經不見或是看不清楚了。

中央市場

在教堂不遠處，有個有頂的蘇恰瓦中央市場，不知道是時間關係還是天氣關係，很多都已經收攤了，我們在這裡採購了些水果。櫻桃很便宜，一公斤從台幣50-100元都有（大小不同），大顆的草莓一公斤也只要台幣70元左右，這些東西在羅馬尼亞的價錢都不高，可以多吃一點。

一整天都沒吃東西實在是很餓了，剛好看到路邊有一家自助餐廳。我最喜

歡自助餐了，用指的完全不必會講羅馬尼亞話，我點了大雞腿，育胤卻點到豬肝。我們點了兩個主食還有一碗湯、一個麵包，總共才15 lei而已，吃東西的價錢也不算太貴唷！

今天住的這家旅館位置真的不錯，只是價錢貴了點，一個晚上就要價200 lei，這個價錢真的跟吃東西感覺差好多。旅館隔壁就有一家頗大的超市，每天必買的水及飲料不必提很遠就覺得很方便。拿了那家包車開價70歐元的旅行社電話，想請旅館櫃台小姐幫我們打聯絡，這時她突然說旅館有合作的旅行社，蝦密？我剛剛問你的時候怎麼不講，害我一直到處在找旅行社。好呀，叫他來問問價錢。Hellobucovina旅行社的先生—Ciprian Slemco不多久就出現了，他說包有加蓋的車要110歐元，如果不要蓋是80歐元。我跟他說我們剛剛問到沒有蓋的只要70歐元，當然如果價錢一樣，我就跟他訂，畢竟旅館介紹的比較有保障。他說那個人本來是他公司的員工，但是copy了他的行程自己跑去外面做，但他不是合法的旅行社。Ciprian Slemco說他給我們的車子都是有保險的，導遊也都是有執照的，不過他還是願意把價錢降到90歐元有導遊的包車行程。想想，多個會講解的人跟著，反正聽多少算多少，這樣好像也不

錯，不然四間修道院看到最後應該都暈了，回來連照片是誰都分不清楚，就跟他訂了。

四星旅館Daily Plaza

這家旅館給我們的房間很妙，中間有一根大柱子，除了這根柱子讓我們覺得很怪之外，房間一切都算不錯。晚上在開電視想看足球賽的時候，赫然發現桌上有冷氣的遙控器，可是房間裡片尋不著冷氣的影子呀？到底是裝在哪裡？為了找出冷氣，我們把開關打開循著聲音的來源，原來冷氣藏在畫後面，從兩側及下方有出氣口吹出，真是太新奇的東西了。

浴室的按摩水柱對大隻的外國人來說應該相當好用，但是我又沒長那麼大隻，最上面的兩個出水口就會噴到我的臉上，是要我怎麼做SPA啦？

Tips

AXA travel
http://www.axatravel.ro/

hellobucovina
http://hellobucovina.com/
+40 744 292 588

explore Bucovina
www.exploreBUCOVINA.com
+40 746 933 659
botoniovidiu@gmail.com

· 旅館早餐菜單

羅馬尼亞・蘇恰瓦

一早醒來外頭陽光普照，跟昨天的陰雨相比簡直像是兩個不同的世界，今天要去逛景點，這種天氣雖然熱但照相一定是挺漂亮的。旅館的早餐有菜單，主餐熱食的部分是用點的，現點現做，其他咖啡飲料等才是自取。菜單上不是起司就是火腿們，照例我又點了兩個煎蛋。

我們的司機兼導遊 ADRIAM 九點鐘很準時的出現在旅館接我們，因為今天回來要換旅館，所以我們把行李直接放到他的車上。這家旅館舒適歸舒適，價錢實在是太高了，晚上回來睡一晚明早就要離開，還是省點錢去住三星級的就好。

在看修道院之前，我們有路過陶瓷工廠，司機先生問我們想不想去看看，他說那個不太好帶走，所以我們看看就好。其實就跟我們去鶯歌陶瓷博物館看到的東西差不多，黏土先把它壓實變成一塊一塊的，然後看是要直接捏或是手拉坯，曬乾之後再進窯去燒。布科維納（Bucovina）這一區特

別的陶瓷是黑色的，做的東西以實用為主，導遊説最受歡迎的是可以裝著食物放進烤箱中的有蓋大烤盆。

蘇切維查修道院 （Suceviţa）

建於1583年，教堂的架構包含了拜占廷及哥德式的風格，有一些部分則有摩爾多瓦北部的特色。教堂由高六米，厚度三米的城牆所環繞，城牆上有小孔，讓弓箭手可以從裡面發射弓箭；在四個角落各有一座塔樓，具有防禦的功能。

這個修道院是今天會看的四個修道院中，唯一兩側都還有完整壁畫留存的一個，這個修道院在2010年被列入世界文化遺產中。靠進入口的這一面，可以看到一整幅通往天國的階梯，上面有許多人正在天使及聖人的幫助下，累積許多好的事蹟，一步一步往天堂邁進。下方則可以看到有惡魔，想盡辦法把人拉下去，進入地獄的深淵之中。

另一面則是有一百多人的耶穌的家族樹、亞當和夏娃的故事及一些舊約中的故事，是這區保存得最好的一個彩繪教堂。後面的那一側是最後的審判，沒有穿衣服的那個代表人的靈魂，白鴿子代表聖靈，中間有個秤就是要決定可以上天堂或是要下地獄的。右手邊帶著寫滿做壞事紙張的就是魔鬼，如果做的壞事太多就得跟魔鬼到地獄去囉！

教堂裡面的部分就不能拍照了，即使有買照相票也是一樣。東正教的教堂都是三進的進築，這裡也不例外，第一進是日曆室，第二進則擺放有聖人的部分遺骸及建造者的墳墓。想想，當聖人也是挺可憐的，死後被碎屍萬段不說，每個部分還散居世界各地，算是身首異處吧！另外，在第二進一般都會

有一個祕密門，如果遇到危急的時候，就利用祕密門把值錢的東西藏到屋頂上去，再把門封起來，聽說因為這個設計躲過不少侵略者的掠奪。

第三進就是擺有聖幛的部分，面對入口門的左手邊一定有一幅把修道院獻給耶穌的圖畫，畫裡就是下令建造修道院的人囉！牆上有許多聖經的故事，例如：耶穌給門徒洗腳、最後的晚餐、猶大賣耶穌、釘十字架、復活、五餅二魚等，雖然導遊先生講得很賣力，如果真的什麼都不知道可能也還是聽不懂啦！

摩爾多維查修道院

摩爾多維查修道院
（Moldoviţa）

第二個到的摩爾多維查修道院由彼得·拉雷什（Petru Rare，史蒂芬大帝的私生子）於1532年下令建造的，是獻給聖母瑪利亞的修道院。這間修道院的教堂只剩下一面有圖案了，另一面的圖案已經看不太清楚。這是因為日照的關係，本來我們都以為是曬到太陽的那一面圖案顏色會褪掉，結果根本不是，反倒是沒曬到的那一面圖案不見了。導遊說因為沒曬到太陽的那一面，塗料乾不了，導致壁畫無法保存下來，而有陽光的這一面，因

為有曬乾了，顏色反而艷麗漂亮。這一面壁畫上有一幅君士坦丁堡於西元626年被波斯人圍城的場景，當時城內的拜占庭軍像聖母瑪利亞禱告，而在聖母的幫助之下擊敗了波斯人。

教堂內的結構跟前一個差不多，壁畫的內容分布也差不多，因為都不能拍照，其實很難對照細微的差異之處。

看兩個修道院就用了接近四個小時，導遊先生載我們到沃羅內茨修道院旁的餐廳用餐，我們本來想點魚湯試試看，因為這裡的魚湯跟其他的湯都一樣是10 lei，並沒有特別貴，但是今天不供應。選了導遊推薦的雞肉湯，另外我們點的主食是奶油蘑菇燉雞肉。主菜送來之後，今天旁邊終於不是馬鈴薯了，這次是蒸熟的玉米泥，這

東西吃起來口感很特別，有一點QQ的，但又沒什麼嚼勁，吃下去的確是會飽的東西。

點餐前導遊有問是不是可以跟我們坐在一起，其實這樣挺好的，趁著等餐送來的空檔，他就跟我們聊些有的沒的。原來他是教一到八年級宗教及音樂的老師，現在放暑假所以可以當導遊，也因為是教宗教的，講解這些東西對他來說應該不困難。他說如果早上就知道我們兩個也是老師，就可以順便帶我們去他學校參觀，真是太可惜了。我就說我們外國人真的很容易騙到他們，他們總以為我們還是學生而已，看到我兒子都六歲了，真是嚇死他了。

君士坦丁堡被人圍城的壁畫

餐送來之後，導遊的盤子裡有白白的東西，他問我們要不要試一試，這是他很喜歡的食物。既然他不介意我們就各吃了一口，原來是羊乳酪！他說我們可以多吃一點，因為他每天都可以吃到，不過，這種東西我們兩個都不是很喜歡，我跟他說，兩年前我們去蒙古的時候，每天都吃這個。他問：去蒙古有什麼有趣的事？

我跟他講了一個事件：去蒙古因為每天吃的肉都是羊肉，有一天某個人問我們的司機：每天都吃Lamb，今天可以吃點別的嗎？司機說：OK！今天吃goat！

· 沃羅內茨修道院

沃羅內茨修道院
（Voroneţ）

這個修道院是獻給聖喬治的，1488年
由史蒂芬大帝下令建造的，只花了三
年三個月就快速完工，目的是為了紀
念瓦斯盧伊（Vaslui）戰役的勝利，
屬於摩爾多瓦（Moldavian）風格。

教堂外面的壁畫基底以藍色為主，稱
為沃羅內茨藍，顏色非常的鮮明，值
得一看，也難怪書上說如果時間不
夠只要看一個修道院的話，這裡是第
一首選。牆上描繪聖喬治的一生、耶
穌家族樹、最後的審判、聖喬治屠龍
等。尤其是最後的審判那一面，完整
到令人十分震撼，很多細節值得大家
慢慢欣賞。

·胡摩爾修道院

·取井口

·取井水處

教堂內部與前兩個修道院差異不大，但在最後第三進上方的牆面上，每個方位各有兩個小孔，導說可以讓聲音更大，這是前兩個修道院所沒有的設計。為了讓我們感受效果，他現場唱了一段，雖然聽不懂他唱的內容是什麼，但真不愧是音樂老師呢！

胡摩爾修道院
（Humorului）

這個修道院沒有前面幾個壯觀，也是由彼得・拉雷什於1530年建造的，獻給聖母瑪利亞。一樣有君士坦丁堡圍城的圖畫、最後的審判、耶穌的一生等。在第三進的部分也同樣跟沃羅內

茨修道院一樣有打小孔，但是這裡每個部分只打了一個，不知道這些孔的位置是否需要特別經過挑選還是隨意即可？

這裡跟其他三個修道院不同的是有一口井，放水桶下去再絞上來即可取得清涼乾淨的井水，喝口修道院裡受祝福的水，祈求讓我們後續的行程都順利平安。

今天一連看了四個修道院，因為室內都不能拍照，記性很差的我，除了有筆記下來的部分之外，細節其實記得的也不多，就留給大家自己來瞧一瞧吧！經過幾百年還能保持當初的色彩，真得是很厲害工藝。最後這個修道院去年才經過清理，導遊說僅只是清理表面的灰塵污垢，而不是重新上色。也對啦！已經列入世界文化遺產的古蹟都有一定的修復規定，只能盡可能維持原貌，不可以去做更新，否則是會被除名的。

回程時，司機特地載我們去巴士站確認明天往布拉索夫的巴士時間，因為六點五十分那一班是小巴士，走的路

· 蘇恰瓦巴士總站

比較繞，車站的阿姨建議我們搭乘八點那一班，她說可以預約，她會跟司機說有兩個臺灣妞要搭車。羅馬尼亞的預約就是這麼回事，不用先付錢，不用寫名字，她說了算，好吧，就只能相信她們的記性及運作模式了。

旅館離巴士站大約只有200公尺吧，看來明天去巴士站不會太辛苦，這個號稱是三星級的旅館大廳看起來光鮮亮麗，但是房間實在是有點老舊，也難怪價錢只要昨天那家旅館的七成。無所謂啦！只是睡一個晚上而已，乾淨就好。一整天這樣的行程也是很累，雖然都沒有走到什麼路，還是讓我們兩個累到只想先暈倒再說。這幾天觀察下來，大概都要到八點多才會開始慢慢天黑，休息一下再出門去也無妨。

新聖約翰修道院 （Saint John the new Monastery）

蘇恰瓦市區有一個列在世界文化遺產的修道院，建於1514到1522年間是獻給聖約翰的。它外牆的壁畫顏色都掉得差不多了，但是有好可愛的屋頂，拍個照，彩繪修道院就到此為止吧！

回到市中心的廣場上，有別於昨日下雨天的冷清蕭條，今天可是熱鬧滾滾呢！廣場上的咖啡座坐了不少人，或是喝咖啡或是喝啤酒，旁邊好多奔跑嬉鬧的孩子，這才是正常的城市呀！

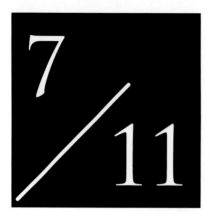

7/11

羅馬尼亞・陰陰的移動日

巴士總站離旅館不遠，早上收好行李慢慢走過去。天氣陰陰的，好像快下雨的樣子，幸好今天是移動日，如果是昨天要參觀修道院的時候下雨一定很掃興。這一趟幾次都覺得我們的運氣實在不錯，移動日的時候就下雨，逛景點的時候就出太陽。下雨天坐在車裡並不麻煩，另外的好處就是下雨時車子裡也比較不熱。

今天這班車人不是很多，我和育胤一人占了兩個位置，因為怕是山路所以要坐前面一點。8點準時開車，搖著晃著我們都進入睡眠模式，在幾次停站過後，上來的人越來越多，我們兩個就坐在一起，把位置讓給其他的人。但這樣似乎仍舊不夠，最後竟然出現了板凳位！

也許是一路載客，也或許是天雨路滑，預計兩點到的巴士到2點45分才到布拉索夫。布拉索夫不愧是個大城，一下車，站前就是巴士站牌們，旁邊就有一大片的計程車招呼站。今

（上圖）（右圖）看起來完全不像旅館入口

天我們的旅館訂在市中心，離巴士總站這邊有一段距離，因為拖行李，所以我們先問了一下計程車，竟然開價15 lei，真是令人咋舌！可能是要詐欺我們初來乍到的觀光客，我還是去搭巴士好了，隨便問應該也問得到該搭幾號。

有一個司機跟我們說，要到市中心要轉車，沒有一班巴士直達的，巴士一個人就要2 lei，不如搭計程車，跳表差不多是15 lei。跟他確認是用跳錶的，我們就上車了，剛到這裡拖著行李要找路也是麻煩。原來這個司機想順便做生意，上車之後就跟我們說明天可以包他車一次去西納亞、布蘭堡及一個不知道是什麼的地方，開價300 lei。這個行程總共要8-9個小時，他說最好是明天一大早就去，星期天這些地方會很多人就比較不適合。

不同城市的計程車跳表的起價似乎是不同的，我們在西給特起跳是1.9 lei，但是這裡一上車看到的起跳就3.9

lei了，看來大城市還是貴了一點。其實司機說的這幾個地方，自己搭車去都不是太困難，只是會花一些時間在等車、問路及找路而已，他要推銷就讓他推銷，到時候去不去是在我呀！下車前，他覺得我們的地址很奇怪，怎麼看都不像是旅館，還問要不要幫我們打電話，還算是一個挺熱心的好人啦！留了他的電話後跟他說我們會考慮，如果要去會再打電話給他，就走進那個奇怪門牌的巷子。

奇怪的旅館

我們訂的是一室公寓，但是這個怎麼看都像是防火巷的地方，怎麼會是我

小客廳很漂亮，我們卻沒在這裡看過電視！

·錫圖雷廣場

·這公寓，空間很大也很舒適呢！

·歷史博物館及錫圖雷廣場

們要住的呢？走到底有一間房子門開著，裡面有一個正在燙衣服的阿婆，給她看地址後，她打了上面電話講了一會兒之後叫我接聽電話。電話的那頭是一個會說英文的男人，他說阿婆會拿鑰匙給我們，叫我們把錢給阿婆，後天十二點退房（我們預訂了兩晚）時，把鑰匙丟進信箱即可，會有打掃的婦人前來處理。

就這樣？不用登記，不用看到人，我們就這樣入住了。第一次遇到這種怪地方，但既來之則安之吧！房間在一樓，除了房間之外還有一個有沙發、電視的起居室，冰箱、微波爐也都一應俱全，房間裡還有一張很大的桌子，讓我們兩個都可以一起使用，十分方便。晚上看是要吃晚餐、討論行程還是打字都很方便。

一路的壞天氣本來以為今天完蛋了，但是到這裡之後天氣還不錯，東西放一下就先出去熟悉環境，就說我們很幸運。這家旅館（可以稱為旅館嗎？）的

黑教堂

位置很不錯，對面就是錫圖雷廣場（Piata Sfatului）上的歷史博物館。離黑教堂也不過3分鐘的步程而已。走去看黑教堂，它在七八月每周的二四六晚上六點都有音樂會，明天恰巧是星期六，到時候看看可否趕上音樂會順便進去參觀，就不用多花一次門票費囉！

接著我們沿著共和國大道走，這是一條只給行人通行的徒步區，兩側都是商店或是餐廳，也有不少像我們住的旅館那樣的防火巷，進去卻是別有洞天。布拉索夫真是個奇妙的地方，明明是防火巷，卻都有一個大門，門上還煞有其事的編上門牌號碼，你說奇怪不奇怪？我們剛好看到有一家Hostel，順便去問問價錢，並看看有沒有出一日團去附近玩的。看起來這裡也只是包計程車行程，沒有併團的服務，那就算了，這裡的三人房住兩人一晚是30歐元，住三人是35歐元，唯一的缺點就是剛到的人可能不好找，它又位於徒步區內，也無法叫計程車送你到門口。

共和國大道走到底，剛好看到一家不小的購物中心（其實有點像百貨公

司），進去裡面逛一下吧！觀察這裡的物價其實也不是太便宜，女生的洋裝一件至少也都要台幣兩三千，產地有一些沒標示，有一些可以看到來自土耳其、中國。也或許是在百貨公司裡的緣故，才會價錢比較高吧！價格高自然也沒什麼人逛，也難怪整路上看到一堆二手衣店，那裏的價錢應該比較便宜。

超市購物袋很貴

地下室的超市應該是這附近看到最大的一家，很多人都來這裡採買，我們因為要住兩天，所以可以買些水果、飲料等，一次搬回去省得之後還要一直找商店。這家超市夠大所以有熟食區，昨天買雞胸肉超貴的，比買雞腿還貴，今天決定買半隻雞回去吃。熟食區都是用秤重的，實在是搞不懂雞胸肉的單價為什麼會大於雞腿，更大於整隻雞？試了幾次，買半隻雞的價錢差不多等於兩隻大雞腿的價錢，大概約台幣九十元。

回程時途經麥當勞，因為已經有買烤雞了，但還是想進去看一下價錢。從昨天的蘇恰瓦開始，就看到羅馬尼亞的麥當勞，而且人還不少，去瞧瞧到底一個套餐要多少錢，比較比較一下物價。因為我的視力不是很好，看那個看板都只能看個大概，還好當勞等速食店多半都有圖片可供參考，看起來這裡的套餐有的要16.9 lei，另外應該是升級的（應該是換大薯、大可之類的）價錢要加2.5 lei。特殊的套餐看起來似乎份量比較大的，價錢可

以高達19.9 lei，物價不低。換了兩次錢，羅馬尼亞的匯率還算穩定，平均1 lei大約是台幣9.3元，如果要好算，我們都乾脆直接把羅馬尼亞幣直接乘以10，就可以很快知道差不多多少。這幾天看起來，羅馬尼亞雖然位處東歐，大家覺得奇怪的地方，但是它的物價並不便宜呀！

守規矩的駕駛人

十字路口很多都以圓環來取代紅綠燈，反正大家就是順著圓環繞，要左轉、右轉或是直行都沒有問題。可以省下紅綠燈的電，及駕駛等紅綠燈的時間和這段時間的燃油，算是節能的做法。不過這恐怕也只能在車流量小的地方才能如此，如果在大一點的都市，交通一定會因為圓環而一團混亂的。

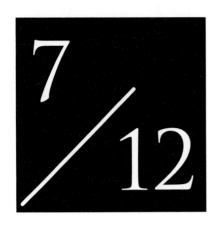

羅馬尼亞‧西納亞

一早沿著旅館前的大馬路走到Bd. Eroilor這條大馬路上,在孔子學院前面可以搭4號巴士去火車站。不要問我為什麼羅馬尼亞會有孔子學院,因為急著出發我也沒進去瞧。這班4號巴士就是往返火車站跟新城之間而已,不會有搭過站的問題。下車處其實離我們的旅館或是歷史博物館都不是很遠,並非像昨天計程車司機說的還要轉乘另一班巴士。

因為附近沒看到有開的售票亭,上車之後我們把錢拿給司機想跟他買票,但因為聽不懂他說什麼,他錢收了卻沒給我們票,這樣是對的嗎?不管啦!我們有付錢了,遇到查票員應該也不能說我們逃票吧!沒票應該也沒關係。到火車站時,好多人正在排隊買票,請育胤先去排隊,我去找看看有沒有information處可以詢問車子的時間。但是轉了一圈,我都沒看到有i的櫃台,就問了排在前面的一個年輕男子,他說剛好有一班還有三分鐘要開車。買好票之後,兩個人火速往月台狂奔。上車前還跟列車服務員確定是這班車沒錯,搭錯車可就不好笑了呢!這趟火車不是對號,車也不是很高級,但是價錢便宜,車程約五十分

（上圖）孔子學院
（中圖）往西納亞的火車
（下圖）西納亞火車站

鐘一個人只要7 lei。雖然網路上大家都說羅馬尼亞的火車誤點嚴重，但是我們卻準時的抵達了西納亞。

火車到站都沒有廣播，要自己注意看月台上的站名，到站前五分鐘，列車服務員剛好經過我們的位置，我才知道快要到站了。西納亞的火車站真的還蠻漂亮的，但若是號稱全羅馬尼亞最漂亮的火車站，未免太誇張了吧！這個站下車的人不多，大家是還沒起床還是都包車來的呀？

西納亞這裡的溫度真的偏低，還好出門時有帶上羽絨衣，也難怪它會成為羅馬尼亞的避暑勝地，這種溫度對他們來說舒適，對我來說叫做冷。

出站之後正對面就有一排上坡的樓梯，沿著樓梯往上爬，懶得走的人就叫計程車吧！我們不趕時間，距離也不是很遠，我們就用走的上去。第一

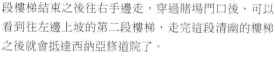

（左上）前方是舊教堂，後方的是新教堂
（中上）聖幛
（右上）別緻的木門

段樓梯結束之後往右手邊走，穿過賭場門口後，可以看到往左邊上坡的第二段樓梯，走完這段清幽的樓梯之後就會抵達西納亞修道院了。

西納亞修道院

進門時，售票員應該是還沒來，一個阿伯叫我們先進去看，出來再買票。第一次遇到這種先享受後付款的景點耶，大概是我們兩個東方妞太醒目，也不怕我們逃走吧！一進去右手邊先看到的是新教堂，而1690年所建的舊教堂要往左手邊走，在一排建築物的後面。

舊教堂規模小巧可愛，入門前的迴廊正上方是好年輕的耶穌形象，從沒看過畫年紀這麼小的樣子，覺得很特別，而這部分的壁畫幾乎全是一開始就畫的。門是十分精緻的木雕，也是值得注意的焦點。這個教堂的樣式是羅馬尼亞唯一的拉丁十字（教堂東端突出的部分為長方形的）結構，教堂本身長15公尺、高15公尺、寬度6公尺，牆壁的部分厚度很厚，有些部位甚至厚達一公尺。教堂完工之後，在1791年的戰爭時被燒毀，幸運的是於1795年由原畫者重新的畫上新的壁畫。這個小教堂裡面是可以拍照的，繪畫的風格跟布科維納修道院完全不同，但是主題的部分、畫的位置大同小異。

新教堂建於1843年，裡面的壁畫是屬於新拜占庭風格但是不能拍照。會蓋新教堂的原因是舊有的教堂容納不下此處日益增多的僧人，1906年拜國王卡羅一世所賜此處成為羅馬尼亞第一個有電的東正教教堂。我們進去時剛好遇見正在進行儀式，有一個修士負責在前面念經（我猜的），其他站在旁邊跟著應和的還有五到六個人，念完之後，

那個負責的修士就進到聖幛後面了，其餘的則由門口離開。來參加的信徒們紛紛拿出塑膠袋，去前面裝了碎麵包，我猜是要帶回去給其他家人共享。他們吃麵包的效果應該跟在臺灣有人吃香灰的意義是一樣的吧！

佩雷什城堡

從修道院後面再往上走，人漸漸多了起來，遠遠就可以看見號稱全羅馬尼亞最漂亮的城堡—佩雷什城堡。這一段路兩旁全是紀念品攤，看來我真的是起得太早了，有些都還沒開始營業呢！這裡的紀念品也都大同小異，木雕品、刺繡衣服、各式磁鐵等，價錢也都是均一價，不用比價也不用殺價一點都不麻煩。

這個城堡是國王卡羅一世於1875年花了八年的時間才蓋好的，用來作為夏天避暑的行宮使用。裡面有160個房間，因為是行宮性質，規模當然跟皇宮是不能比的，但也是極為奢華氣派。

如果不進去參觀裡面的房間，中庭及外觀都可以自由的拍照，不過都到了，總是得進去看一下國王的家長得什麼樣子。門票分為好幾種，只參觀一層樓的基本款一個人20 lei，這可不是可以隨你自由參觀的，必須跟著導覽整群人一起參觀，需要四十五分鐘左右。若是要參觀一樓加二樓，一個人是50 lei，需時一小時十五分，在裡面想拍照要另外付照相費32 lei。我們選了一樓的基本款不拍照，運氣不錯，買完票去排隊剛好就有一團英文的可以進去，沒有等很久。進到裡面必須先自己尋找合腳的鞋套把鞋子套起來，以保護裡面的木地板；另外後背包不可以背進去必須寄放在入口右方，這個服務是免費的。

一團有很多人，導遊小姐會先把大家集中在一處之後才開始介紹，因為一進去大家都瘋狂的拍照，所以她先說有買照相票的才可以照相，像我們就乖乖的收起來，但是好像還是有一些不守規矩的人在偷照。為什麼我會知道他們是偷照的，因為有買照相票的人，會給一張貼紙，你要把貼紙貼在身上就可以照相，算是讓導遊容易辨識的方式。大概是因為人多的關係，導遊小姐解說時會特別放慢她說話的速度，這對我來說真是太棒了，幾乎可以完全聽懂她介紹的內容，增長不少見識。

皇宮該有多豪華，不用講大家也應該可以猜到，裡面最特別的是國王與皇

后都各有自己的一間書房，分別在不同樓層，所以國王的書房裡有一個祕密通道可以直接上到皇后的書房，但是這個通道現在已經封起來了，不能讓大家去走。

城堡裡有許多後來增加的現代化設施，例如電氣系統、暖氣系統及1903年增建的電梯。這座電梯僅能容納兩個人，而且至今還是可以運作的唷！超厲害。

天氣不是很穩定，為了要搭12:46從西納亞回布拉索夫的火車，我們快快的往山下移動，這時間有越來越多的遊客湧入，紀念品攤也全都開門營業了，果然這不是個大家會早起的國家。回程的車票比較貴，車子是比較高級有空調的，因為是周末的關係，我們這趟車還有31%的折扣唷！

· 兩次用巴士票

布蘭堡

往布蘭城堡的車周六較少,一小時只有一班,所以我們得在這裡等四十分鐘左右,因為布蘭堡已經是個很熱門的觀光景點了,所以車上、時刻表上都會看到Bran的字樣,絕對不會坐錯車的。這一段車程是四十分鐘,一個人票價7 lei,實在是沒有必要包車前往。

早上看過那麼漂亮的佩雷什城堡,再過來看這個布蘭堡實在是有點令人失望,雖說它是德古拉城堡的雛型,但是除了付門票像遇到吸血鬼之外,沒有令人驚豔的地方。為什麼這麼說呢?首先,這個城堡的門票貴得驚人,一個人就要25 lei還沒有導覽解說,裡面動線亂七八糟,搞了半天也不知道是不是走到重複的路,而且也沒有很特別的東西可以看。從下車到再上車,我們總共只用了一個小時在這裡,就可以知道這裡有多無趣了。周邊是很多紀念品店,賣著各式與吸血鬼有關的物品,價格也十足像是吸血鬼的定價。我會建議去西納亞看佩雷什城堡就好,有時間說不定可以參加那個兩層樓的導覽,還可以順便逛

價錢比較貴的車竟然開的比便宜的慢車還慢,去程只搭了五十五分鐘,而回程竟然花了六十七分鐘。從火車站前搭23號巴士(要走到外面的大馬路上搭,不是在火車站正前方這一區)可以到第二巴士總站,巴士站i的阿嬤跟我們說四站就會到,但是上車之後因為巴士上有免費的wifi可以用超新奇,我們兩個都沒注意到底是到了沒?還好上車前我們都會再問一下司機確認是不是會到我們要去的地方,所以到站時,司機有叫我們下車。這次我們有買到巴士票,但是我們要買兩張票她卻賣一張雙頭票給我們,無所謂就兩頭都放進去各打一次,就算我們都有付錢囉!

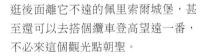
城堡內部

逛後面離它不遠的佩里索爾城堡，甚至還可以去搭個纜車登高望遠一番，不必來這個觀光點朝聖。

沒趕上音樂會

回到布拉索夫差不多是五點二十分左右，但是因為等16號巴士實在是等太久了（沒辦法周末班次少），等我們走到黑教堂時已經超過六點了，門口堅持不給進去，沒辦法聽到有4千支管的管風琴演奏。因為沒進去所以不知道裡面的音樂會是怎麼樣的，但是票價挺便宜，一個人只要10 lei，平時進去參觀的入門票就要8 lei 了，可以進去聽演奏只差2 lei實在是很划算的。

既然沒趕上音樂會，就去吃晚餐吧！今天要考察一下肯德基，在羅馬尼亞還沒有進過速食店，我點了一個套餐：三塊無骨炸雞、四塊哈辣雞翅、薯條加飲料總共是16.9 lei。分量還蠻多的，這樣的價錢應該算是跟臺灣差不多（不過我們沒有這種組合），沒有比較便宜也沒有比較貴，看來羅馬尼亞的物價就這樣，吃的價錢跟臺灣差不多，但是交通費有點高，因為油價貴這也是沒辦法的呀！

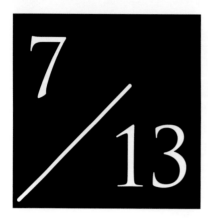

· 布拉索夫散步地圖

羅馬尼亞‧布拉索夫漫遊

清晨出門天氣真的蠻冷的，都得帶上薄的羽絨外套，著涼了可不好。布拉索夫的景點都在廣場附近走路可達的距離，今天早上就來citywalk吧！

首先先走去離住處不遠的黑塔及白塔，大清早路上沒什麼人，整個城市都像還在睡的狀態，路上的警察大概怕我們危險，保持一段距離跟著我們沿著城牆邊的小路走著。要走到黑塔的話等走一段登山步道，其實早上這樣人煙稀少，我看還是在下面眺望就好，以免遇到陌生狗發生危險。

這個黑塔根本是詐騙的，他幾乎可以算是白色的，原來它是1995年重建之後才長成現在這樣的。為什麼要重建？它是布拉索夫四個防禦塔之一建於15世紀，完工後卻在1559年7月因為雷擊被焚毀，煙燻後的顏色讓他被稱為黑塔。衰事還不止這一樁，1991年7月因為下大雨，面對城市的那一面竟然就崩塌了，才會在1995年再被重建囉！再往前走一點，就可以仰望

·黑塔

·白塔

·臉一樣圖案的拱門

白塔了,早上太陽還沒出來天空不藍,白塔與背景亮白的天空幾乎融為一體,來的時間不對超慘。

9點多太陽漸漸大了起來,天空也越來越藍,照片拍起來漂亮多了,看來以後還是學這裡的人睡晚一點再出門就好,反正晚上要到十點左右才會天黑,好像也沒有必要很早出門。不過,如果想要享受沒什麼人的寧靜街

聖尼古拉教堂
(Biserica Sfântul Nicolae)

距離市區斯法托露依廣場最遠的一個景點就是聖尼古拉教堂,位於Schei區域的統一廣場(Piaţa Unirii)上。這個區域是因為德國人遷來布拉索夫的時候,為了建設,強迫當時羅馬尼亞的居民必須移居城外所產生的,現在還可以看到當時為了隔絕羅馬尼亞人所留下的Poarta Schei城門。

教堂在14世紀時原本是個小教堂,屬於羅馬尼亞正教,之後才改建成現在的模樣,在它的旁邊有建於1760年羅馬尼亞最古老的學校,現在已變成博物館,我們到時關閉中,只能欣賞看板的介紹。

·現烤捲麵包攤

場上有好多的鴿子，大家都帶小孩來玩鴿子，看著小孩對鴿子撲過來撲過去的，難道他們都不怕有禽流感嗎？還是禽流感是東方的專利呢？

因為黑教堂今天要到十二點才開放，我們只能慢慢地等，中間我們去參觀了一個位在廣場邊上的東正教教堂，正好遇到在做禮拜，裡面塞滿了人還有好多人根本就塞不進去站在中庭裡。我們有偷溜進去看了一會兒，裡面因為太多人空氣很糟，但沒有任何人露出不耐的表情，可見他們的信仰是非常虔誠的。

黑教堂

道，沒什麼路人甲乙丙丁的景點，早一點是比較有機會的。

往此區的南端走，就會遇到要塞博物館，我們沒有進去就沿著城牆邊走了一段，人漸漸多了，有的在慢跑，有的在遛狗，看來十點才是起床外出運動的時間呀！不過此時我們已經走了快兩個小時了，轉回斯法托露依廣場上坐坐，買個匈牙利捲捲麵包當早餐，觀察一下當地人都在做什麼。廣

鄰近十二點，我們立刻動身前往黑教堂，打算在門口等它一開門就衝進去，我們的房間十二點是該退房的，不要耽誤太久應該是OK的。裡面不能拍照，所以我拍了它的簡介上的圖片，那組有四千管的管風琴真的很大，可惜沒聽到它發出聲音，教堂內兩側的牆壁還展示有許多土耳其製造的地毯。教堂從十四世

・黑教堂裡面不能拍照，只能看DM上的圖片以供回憶。

直接把鑰匙給了打掃阿姨，還用了洗手間才離開。羅馬尼亞廁所還蠻多的只是要找而已，而且每一個都要收錢。先上個廁所，才不會等一下又要花時間找廁所。

一樣走到昨天那個孔子學院前的巴士站，路上恰巧遇到穿著古裝的士兵在巡邏。說巡邏應該只是做做樣子，主要是給觀光客拍照的噱頭吧！隔著馬路舉起相機對他們拍照，他們還故意放慢腳步，回應我的揮手咧！抵達火車站才快一點而已，原預計搭的火車是兩點的，因為不想多等一個小時，去旁邊的巴士總站問一下，運氣不錯剛好一點就有一班，那就搭巴士去錫吉什瓦拉（Sighisoara）。巴士總站都有一個i專門處理巴士的疑難雜症，裡面的人都很厲害，時刻表似乎都像印在腦海裡一樣，隨便你問他都不用翻書也不用查電腦，就可以馬上告訴你幾點有車。而且我們兩個看起來就像是無助的年輕小女孩，每次一問都有人會幫我們找車、帶我們去看車到底到了沒、不然就是幫我們打電話問還要多久車會到，這麼多天觀察下來，

紀後半開始蓋，費時約八十年才完工，高度有65公尺，是特蘭西瓦尼亞（Transylvania）區域最大的哥德式教堂。其實它現在外觀根本一點都不黑，會被叫做黑教堂是因為1689年戰爭之中被攻擊而燒得焦黑一片。奇怪，布拉索夫怎麼都是這種以前黑現在不黑的建築呀？

快速的參觀之後，趕回住處退房，本來老闆電話中有交代把鑰匙留在信箱即可。但是我們回去時，打掃的阿姨已經把房門打開了，我們就

（上）火車站　　（下）巴士總站

羅馬尼亞人真的都挺不錯的，只希望
這種感覺到首都布加勒斯特之後不會
消失。

坐過頭了啦！

上車之後，照例我又睡著了，這一趟
只要上車就睡真的是很厲害，大概是
因為我每天晚上都認真的寫遊記寫到
三更半夜的關係吧！兩個小時過後，

車子停在一個沒有寫站名的地方，育
胤下去上廁所、伸伸腳，我則是在車
上繼續睡，心想應該還沒到吧！結果
開車之後，經過火車站，育胤問：火
車站上面那個字是不是就是我們要去
的錫吉什瓦拉？我猛然一看，真的好
像是耶！趕快拿出手機開地圖，一看
不得了了，真的是已經經過了，為什
麼司機沒叫我們下車勒？馬上問前面
的女生，她說我們已經過頭了，而且
她反應很快立刻叫司機停車。在這一
段不確定的過程當中，我們已經被載
離了市區，下車拖出我們的行李之
後，認命的沿著大馬路往回走，並一
邊招手看看有沒有順風車可以搭。反
正這種路邊攔車的事又不是沒幹過，
大白天的又有兩個人也沒啥好怕的。
不過，因為在交通繁忙不易停車的主
要幹道上，走了好一會兒都沒有車停
下來。還好一路上運氣都不差的我
們，看到在對面停了一台巴士，就碰
碰運氣去問看看吧！羅馬尼亞的火車
站叫做Gara，我就寫了錫吉什瓦拉跟
火車站兩個字問他（因為我不會唸，
用寫的比較保險。），司機因為英文
也說不通，但是他叫我們上車，看他
的動作應該是他這台巴士沒有到火車

站，但是他可以放我們在路口，我們再走進去。如果能這樣當然是好囉，總是可以少走一大段路的嘛！

結果，在某個沒有站牌的地方，他把車停下來叫我們下車，還比了過馬路之後一直走的動作，也沒有收我們的錢，你說這兒的人是不是很好？照他指的方向走就會到火車站了，也找到我們今天預訂的旅館。本以為找一間在巴士及火車站旁的旅館，今天可以舒服的移動，沒想到搞得更累，下次坐車可不能再這樣一直睡下去了。

到旅館之後，問了櫃檯知不知道往錫比烏的巴士時間，我們想知道是不是可以當天來回，如果可以我們就在這裡住兩晚，不用行李搬來搬去的；如果不行，我們就打算住一晚，明天住到錫比烏去。結果櫃台小姐並不知道巴士時刻表，看來得走去對面的巴士站問一下。巴士站 i 的先生果然還是跟布拉索夫的一樣厲害，立刻把往錫比烏的班次背出來並寫在我們的本子上，問他從錫比烏回來的時間他也知道，你說神不神，也是立刻寫給我們。單趟是兩個小時，早去晚回沒有問題，看來這裡可以多住一晚。

另外，既然都來了，順便問他後天去布加勒斯特的班次，還有要搭多久，這一段可是遠的呢！他說是六小時，當我重複時，他竟然說：是 six hour，不是 sex hour，吼！這樣也要搞笑一下唷！

錫吉什瓦拉亂走

六點出門去，還是頗熱但已算是可以接受的程度了，大概可以逛三到四個小時左右才會天黑。往 Târnaava Mare 河走，會先看到矗立在河邊的正教堂（Catedralei Ortodoxe Române），經過時裡面的神職人員正在進行儀式，但是裡面沒什麼人，也許是早上已經參加過了吧！從人行便橋跨過河流之後，得先穿過新城區一排的房子並往山坡上走，舊城區位於山丘上。我們從某個不像是給觀光客走的樓梯就開始往上爬，穿過當地人房子間的小巷，在煩惱著會不會迷路的笨想法中，鐘塔忽地映入眼簾。

鐘塔負責守護舊城區兩個入口的其中之一，塔前為長長的階梯，這個入

‧正教堂

口可是行人專用的,車子必須走另一側那一個入口進城。鐘塔的一樓是建於十四世紀,上面幾層則是後來才加蓋上去的。頂樓的部分曾於1676年一場大火給燒了,而在1677年由奧地利的工匠完成修復,它如同球莖狀般的屋頂是特蘭西瓦尼亞地區受巴洛克式(Baroque-style)風格影響最古老的證明。1894年,鐘塔的屋頂被改裝,用像玻璃的東西裝飾成現在看到的這個樣子,1900年旁邊附加的建築也被重建了。因為是星期天的關係,很多地方都早早關門了,鐘塔也就上不去只能在下面拍拍照。位在鐘塔旁邊,曾是德古拉出生地(誰曉得是真的還是假的?)的地方已經變成一家餐館了,餐館的招牌上就是一隻龍,因為德古拉是龍騎士。

好吧!關於德古拉是吸血鬼這件事,看來恐怕真的是一個美麗的誤會,人家可是真正的民族英雄呢!不過因為小說、電影的關係,為羅馬尼亞帶來源源不絕的觀光客,大概也是羅馬尼亞人始料未及的吧!既然如此,就繼續讓大家誤會下去,他們也好大賣特賣吸血鬼來吸食眾多觀光客的荷包。沿路許多紀念品店,除了可以看到景點的磁鐵、明信片之外,也可看到很多吸血鬼牙、面具跟印有吸血鬼圖案的各式商品,而且大家似乎也很買帳,所有朋友知道我要來羅馬尼亞玩,第一個能想到的就是吸血鬼,而不是它是東歐最後一個脫離共產主義國家(1989年)的這件事。

山丘上的福音教堂 (Biserica Evanghelică "Din Deal")

廣場上AVON在辦活動聚集了超級多的人,繞過他們先往山丘上的教堂走

·福音教堂

·老學校

·不知名的小教堂

去。要上去得穿過一道有頂的樓梯，這個樓梯很特別，上方的屋頂是用木頭蓋的，還不是只有上面有蓋而已，連兩側也都用木板圍起來，一旦走進去要不就走到底，要不就回頭，可不能給你中途岔出去的。為什麼這麼設計，就不得而知了。因為看不到兩旁的景色，一邊往上爬一邊數樓梯，總共是一百七十六階唷！

原本的教堂建於十三世紀，後來經過多次改建整修，我們到時已經過了開放的時間，一樣只能在外面拍拍照。旁邊有棟建築，標示是最古老的學校，應該是1619年開始啟用的，現在還有沒有在用就不知道了。

回到主要廣場上，這裡竟然開起了演唱會，震天乍響的擴音器擾了古城的安寧，台上不知道是什麼人的樂團唱著羅馬尼亞式不斷重複的句子、像跳針般的流行歌曲，聽個兩遍連我都會唱了勒。每次坐長程車時，司機總是愛聽舞曲般的流行歌，大概是比較不會睡著吧！聽到現在我開始對羅馬尼亞的流行樂有一點心得了，他們的副歌部分會一直一直不斷的重複同一句，旋律也都一

德古拉雕像

樣，保證聽兩次你就會唱了，真的很
有趣。找到地方可得來買一片CD回
去，雖然不知道歌名，但是我可以唱
給店員聽。

既然此地因德古拉而聲名大噪，在舊
城區中一定會有一個德古拉像，果然
沒錯，它就在教堂與博物館之間。當
然，他長得跟電影裡演的吸血鬼一點
都不像，反倒比較像是書上的匈奴人
呢！回程走鐘塔下方的石階梯，循正
常一點的路徑下山。鐘塔下正好遇見
在拍婚紗的新人，攝影師的辣妹助理
超能幹，幫新郎拿外套、幫新娘子提
鞋子，還得舉反光板，後來得空我看
她還單手拿單眼在旁邊一起拍，實在
是很多工。

山下途經牛牌超市沒有販賣任何熟
食，在這邊吃又怕天黑了還沒回去會

‧鐘塔

有麻煩，後來我們決定回旅館附設的餐廳用餐就好。出來十多天了，作息已經調得跟當地人沒什麼兩樣，現在都快晚上九點了才正打算吃晚餐，看來回去真的會胖一圈。

用餐時剛好遇到遠方有馬車開過來，一直想照馬車的我們每次都因為車速太快而沒有照到或是剛好在車上有玻璃擋著不好照，這次我們立刻放下手上的餐具，拿出相機對著駕馬車的兩人狂按快門，終於成功的捕捉到想要的畫面。從進羅馬尼亞開始，可能我們都是在鄉下地方，常常會看到當地人駕著馬車載運東西，有的是一匹馬，而有的則是用兩匹，但是沒看到有人是騎著馬在路上跑的。

泡麵湯？

不吃豬肉的我，點餐之前通常都會問清楚，一切聽不懂的食物都不點，不然就是選雞的最保險。為什麼說選雞的最保險？因為有時候牛肉或是羊肉價錢稍高，他們還是會偷混豬肉的喔！我們點了有麵的雞湯跟雞腿，那個湯送來時我們兩個都傻眼了，完全就是雞湯口味的泡麵嘛！難怪只要台幣50元，這成本應該就十幾塊而已。

7/14

羅馬尼亞 · 錫比烏

早晨搭乘8:26中型巴士前往錫比烏，因為錫吉什瓦拉這裡不是起站，車來時上面已經坐蠻多人了，加上又有好多人要上車，看起來根本不可能有位置坐。輪到我們買票時，我們可不想去塞在後面或是坐板凳位，跟司機阿伯指著他旁邊的座位表示我們想坐那裏，沒想到他一口就答應了，最前排不用跟大家擠的好位置耶！我們東方妞對他們來說應該看起來都年紀很小吧，司機阿伯要賣票給我們時，還一直問我們說不是學生，哈哈哈，這在臺灣一定會被說是瞎了吼！

開車之後，後面果然塞滿了人，一路上司機都很規矩地依照速限在行駛，速限30他就開30，限70他就開70，很少遇到這麼模範的司機先生。沿途一直有人上車、有人下車，後來終於大家都有位置了。這種行駛於小鎮之間的車都是這樣，有些人也不是搭很遠，所以就算是沒位置，也照樣要塞上去，下一班可得等兩個小時以後。

在錫比烏巴士站下車之後，因為上次在西給特發生過一個城市有好幾個巴士總站的情況，這次我們很認真的往各個方向都拍了照片，深怕到時候回不來時也不知道如何跟路人問路。巴士公司的辦公室在馬路對面，去確認回程的時間順便問往哪邊可以走到舊城區。舊城區離我們下車這個巴士站不遠，走路（不用找路的話）大約10分鐘。因為第一次來，手邊也沒有詳細的地圖，邊走邊找地標認路並沿路拍照，這是現代版的記路方式不用灑麵包屑唷！

羅馬尼亞正教教堂
（The Romanian Orthodox Cathedral/Catedrala Ortodoxă）

此教堂建於1902年，於1906年完工，算是很年輕的教堂。建築的樣式及繪畫的風格都跟之前看到的東正教教堂不太一樣，這裡的圓頂又特別的高，以柯林斯式柱子來分開教堂裡該有的三進空間。另外，兩側及後面的玻璃都有彩繪的圖案，入口處的那一面玻璃是三個接受招待的天使，這個圖片我們已經在好多教堂看過了，但還是弄不清楚到底是聖經中的哪一個故事？回去一定得找個熟知舊約跟新約故事的人好好地問一問。

在離教堂不遠處，我們終於遇到一家有開門的郵局了，因為前幾天周末郵局都是休息的，偏偏郵票又只有郵局買得到，得趁今天一次把需要的郵票給買齊。羅馬尼亞寄明信片回臺灣還頗貴的，一張郵資要台幣近三十元，而買明信片大概要十到二十元之間，費用不低唷！跟去年在塞爾維亞看到的一樣，郵局門口也有禁止槍枝進入的標誌，還是不懂為什麼會想在門上放這個？

（上圖）四個角落一定有的約翰、路加 、馬可、馬太

（右下）教宗專用的椅子

（左下）羅馬尼亞正教教堂

福音教堂

福音教堂
（Biserica Parohialǎ）

裡面有全羅馬尼亞最大的管風琴（共有六千多隻
管），但是全館整修中不能進去，連想拍個外觀都
被那醜得要死的工程圍籬給破壞了畫面。只能繞一
圈去拍它掛在外面的看板，假裝自己有進去裡面看
過。這個教堂已經有六百多年的歷史，跟布拉索夫
的黑教堂一樣是屬於哥德式的建築，從照片看起來
兩者的結構類似，只差一些細部的設計而已。

謊話橋（Liar's Bridge）

錫比烏自從2007年被歐盟選為文化之都之後，觀光客開始大幅的成長，不弄點話題性的東西給大家瞧瞧，怎麼拚觀光？錫比烏不少這種創造的景點！其實，謊話橋說穿了就是一座平凡的鐵橋，要成為賣點就要有故事。故事有很多版本，一是這座橋位於福音教堂旁邊，四周的房子上方又有眼睛在看，所以商人們喜歡約在這裡談生意，傳說若是有一方欺騙，橋會因此而垮掉，而有謊話橋的由來。另一個說法是，男人在離家遠行前因為橋下就一條通往城外的道路，會跟女友相約在此地話別，說之後會回來娶她，但是最後往往都沒有實現，所以有謊話橋的稱號。

無論是哪一個，顯然都已經達到想要達到的效果，所以紀念品店都可以買到謊話橋的相關商品呢！

荷曼斯達笛之眼

羅馬尼亞真的有很多美麗的誤會，錫比烏這個荷曼斯達笛之眼也算是其中之一吧！所有的觀光客都知道來錫比

議會塔──飽覽城市風光

介在兩個廣場之間的議會塔可供遊客登高望遠，門票是2 lei。沿著僅供一人通過的超陡迴旋梯拾階而上，一步一步離開廣場的地面。上了兩層迴旋梯之後開始就是木梯子了，踩起來還會發出抗議的叫聲怪可怕的，不知道到底能不能負荷我的重量？萬一垮了可怎麼辦？當然這一切還是我杞人憂天啦，如果我這麼小Size都能把它踩到跨掉，這樓梯應該早就不存在了，哈！最上層在各個方向都有窗子給大家欣賞風景，但可能怕有人想做自由落體實驗，所以窗子都是不能打開的一層玻璃而已。上頭的風景不錯，可以俯瞰錫比烏的舊城區及兩個主要的廣場，每一層的空間目前都展示一些繪畫作品，往上爬如果太累或需要與人錯身的時候可以趁機欣賞一下。

天氣好熱實在不應該一直曬下去，在大廣場上找了一家有不少人的餐廳，學別的觀光客一樣坐在陽傘下吃午餐、喝飲料。大部分的人都是喝飲料比較多，很少看到在吃東西的，難道觀光客到這裡之後就被這裡同化，變成只要喝飲料就會飽的嗎？這裡很特別，他的飲料有加冰塊。飲料就是要

烏是要看有眼睛的房子，但是許多羅馬尼亞人並不知道錫比烏與眼睛有什麼關聯性。好吧！我承認我也是想看可愛、長眼的房子才來的，這裡的房子二樓的窗戶不知為什麼都做成像眼睛的樣子，這種設計我曾經在德國的羅騰堡也看過，倒也不是覺得真的很稀奇啦！我猜測此地曾經是德國人的地盤，因為某種因素將窗戶設計成這樣的形狀，因為集中、數量多成為此地的一種特色。仔細看，房子的眼睛並非全是兩個，有獨眼龍也有三眼怪呢！而且有的像是沒睡醒，有得則是眼神兇惡，真的怪有趣的。

加冰塊才好喝，但是每次來歐洲都很
少遇到有加冰塊的，明明天氣就很
熱，不加冰塊一下子就不冰了呀。

大廣場旁有一整條購物大街，兩側有
各式服裝店、紀念品店及一堆餐廳，
午餐過後想看的地方也都看，就逛街
去吧！羅馬尼亞到目前為止都沒買到
什麼紀念品，因為有些東西覺得跟去
年在保加利亞看到的差不多，那就去
保加利亞再買就好，省得一路得負擔
它的重量跟體積。只有看到一樣特別
的彩蛋，每顆都會彩繪上不同的顏色
跟圖案，有的是用串著的珠子覆蓋在
表面，都很漂亮。不過，那可是真的
蛋殼去做成的，非常難攜帶，回去可
能得發揮高超的拼圖功力，雖然超級
想買的，但還是看看就好。

因為等等從巴士站就直接搭車回去，
今天就在錫比烏這邊的超市採買即
可，反正一下車就到旅館了，這樣回
到錫吉什瓦拉就不用再走過河去買東
西。羅馬尼亞大一點的超市都有熟食
販賣，種類通常也不少可以選（反正
我總是一隻大雞腿，每家都有賣），
懶得去找餐廳的時候，我們就買熟食
回旅館去吃，十分方便又省錢。

回程的巴士就不若早晨那般多人，一
個人坐兩個位置都沒有問題，人少
的時候車子的天窗就可以發揮很好的
效果，只要把天窗打開，車裡其實都
不是太熱。涼涼的風吹著，我又想睡
了，人這麼少司機應該不會忘記叫我
們吧？（看來都沒學乖吼！）途中突
然下起大雨，雨水就從那個天窗下進

（左上）錫吉什瓦拉火車站
（中上）旅館就在火車站正對面

來，像我們這個個頭，手舉起來都可能碰不到那個天窗的把手，更別說是把它關起來了。幸好有一個高大的妞去把它關起來，不然我們可能得在車裡打傘囉！

火車站買車票

明天往布加勒斯特若是搭火車是五個小時，搭巴士六個小時，雖然火車票貴了一點，我們還是首選去搭火車，畢竟火車的空間比巴士大上許多，想上廁所可以隨時去，不用等司機停休息站。因為已經上網（http://www.cfrcalatori. ro/）查好班次及價錢了，一回到錫吉什瓦拉我們就先去買車票，等著明天往首都移動。

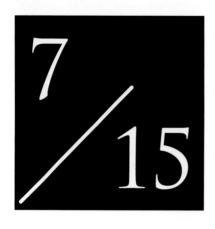

7/15

羅馬尼亞・再一個小時就來了?

住在火車站對面的好處就是時間快到再走過去就好,火車是7:21的,但是時間到了還沒有看到車的影子,車站的廣播用的是羅馬尼亞語,我們根本就聽不懂他在說什麼,月台上看起來也有其他人在等車,反正聽說羅馬尼亞的火車常誤點,就等他一下吧!

一直到八點,情況有點不對勁,同月台等車的另一群人進站去問了之後全跑掉了,我們只好去問月台上的站務員,他說:誤點兩個小時,要到九點多才會來。

哇!這真是太驚人了,去退票搭巴士還比較快,而且之前有先問好往布加勒斯特的車八點半有一班。當我們拿著票到櫃檯說要退票時,櫃台小姐說只有這班可以搭。我說我要去搭巴士,她竟然說:火車再一個小時就來了,巴士已經跑掉了。吼!你騙我不知道嗎?當我說我要搭八點半那一班時,她也只好認命地把錢退還給我了。

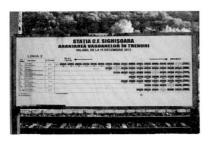

因為仗著今天要搭很久的車，昨天搞到很晚才睡。每次出國大家都覺得很羨慕，其實每天晚上要處理的事情還頗多的，例如寫日記、訂明天要住的旅館、查明天要走的路線或是要搭的車……等，光是處理旅館跟行程差不多要花掉一至兩個小時，寫每天的記錄大概又得要兩三個鐘頭，不然你以為我每天三到五千字的記錄是怎麼生出來的呀？上車之後當然又是狂睡補眠囉，大概睡了五小時，醒來已經快到布加勒斯特了。這班車有經過布加勒斯特的兩個國際機場，如果有人只玩羅馬尼亞單國的話，可以先在布加勒斯特停留玩一玩，最後從布拉索夫就可以直接搭車到機場不用再進布加勒斯特了，這也是不錯的路線。

車子進到市區之後，我就拿出我的手機查看地圖，現在有智慧型手機真的很方便，先下載好離線使用的地圖，之後就算是沒有網路的地方，手機的訊號也可以抓到你現在的位置，很容易知道自己的路線、方向是不是正確。PM2:20看到有地鐵站我們就下車了，因為布加勒斯特有很多個巴士總站，我們下一站要往保加利亞，絕對不會是今天會下車的巴士總站，也就

沒必要特別去參觀，找個有地鐵站的地方下車比較實際。

這裡的地鐵站一樣不是很妙，下去很多地方是沒有電梯的，只能搬起行李緩慢往下走，看看價目表之後決定買地鐵一日券6 lei（雙程4 lei；十次券15 lei），今天只要搭三趟就比買單程票便宜了。布加勒斯特的地鐵一如其他地方的巴士，都是均一價，無論你搭幾站都一樣的價錢，也許會覺得搭得近吃虧了，但在幾個前共產主義的國家幾乎都是這樣運作的。

我今天的訂的旅館又是公寓式的，不知道會不會又跟布拉索夫一樣是屋主拿鑰匙來開門的那種？我選在應該是很熱鬧的商圈—統一廣場附近，在booking.com上面有人的評價留言：

「路口有很大的家樂福，距景點很近都在步行可到之處。」按著地址走到之後，看來並不是整棟的出租公寓，而是一棟公寓裏面屋主有幾間可供出租的房間，他應該也不是住在這裡，門口沒有任何旅館的標示，也不知道該按哪一家的電鈴？問了樓下的雜貨攤老闆，他跟我指了指樓上，但是我上不去呀？後來他只好拿出他的電話幫我打，而且不是輸入我給他的號碼，而是從他的通訊錄裡面找，顯然這種找不到房東的情況很常發生。他說等五分鐘屋主就會出現，果然跟我想的一樣是專業的房東而非旅館。

房東到了之後就先帶我們上樓去，房間很大、設備齊全，他說有傳簡訊到我的手機，但是我沒回應。我是有帶手機啦，但是怕有一些亂七八糟的電話導致電話費暴增，所以我都是處於不收GSM訊號的狀態，只用Wifi可使用的功能而已，當然也就收不到他傳到我手機的簡訊囉！後來我有開機看

一下他傳的簡訊，大意是說叫我們抵達前半小時傳簡訊給他，方便他到這裡等我們。也對啦，他大概有十幾個房子要處理，如果他剛好不在附近，那我們就只能站在外面等也是麻煩。

進門之後，他馬上拿出地圖介紹附近的環境，超專業的，對剛到一個城市的旅行者應該會有很大的幫助，應該給他100個讚。他也親切的詢問我們有什麼想去的地方，告訴我們去哪裡搭車，又推薦我們附近不錯的餐館。接著就是先收錢囉！當我們離開時，只要把鑰匙投入樓下的信箱即可，有問題再打電話找他，沒問題就只見這一次面，這樣不受干擾的公寓其實也是很不錯的。

國立農村博物館

休息了一下，趕緊往國立農村博物館出發，因為今天有地鐵一日券先去這個走路到不了的點。搭地鐵到

Aviatorilor站下車大概還要走10到15分鐘，抵達時已經接近五點了，很怕他不讓我們進去。到門口之後才發現，只有星期一開放到五點，其餘每天都開到七點。裡面佔地頗大，開到七點我們參觀起來也比較不趕。這個博物館是從羅馬尼亞各地農村把房子、教堂、工作坊等搬到這裡來展示的一個戶外型博物館，有一些房子可以進去參觀，有一些有穿傳統服飾的人在賣紀念品、手作物等。其中最厲害的是一間從里尤德搬來的木教堂，雖然裡面沒有開放，但是時間不夠、無法去到馬拉姆迪什區域看木教堂的人，可以來這裡看這一間，算是羅馬

尼亞經典的建築。慢慢踱步在裡面走上一圈，各地的房屋、圍籬的樣式、材質都有差異，解說牌都有英文版相關的介紹，是一個很值得前往一看的博物館。

從地鐵站往農村博物館的路上會經過——凱旋門，本想今天就這兩個景點了，無奈它整個被包起來正在整修中，只能望圖興嘆！（幸好他們整修時，喜歡在外面包著繪有它圖樣的布，起碼可以跟圖片上的凱旋門照張像。）

本日最後一個任務就是找到往保加利亞巴士的乘車處，地球的步方上說往保加利亞魯塞的巴士在Hotel horoscope前可以搭乘，因為地點就在我們住的統一廣場不遠處，所以就先走去瞧瞧。走到那裏，什麼巴士、小巴都沒看到，旅館前就是一個小停車場。進去問旅館的櫃台，既然是從這邊搭，他們應該會知道些什麼吧。但是，櫃台的小姐說她不知道班次時間，也不知道巴士公司的電話，但的確有看過別人在他們門口搭，車子是小巴，叫我們早上自己過來這邊看看。

這實在是太不可靠了吧，沒有巴士公司電話，直接過來這裡等一台不知道會不會有的小巴，這種事情我做不出來，萬一沒有要怎麼辦？晚上回旅館再來想辦法。

· 整修中的凱旋門

逛街去

· 地鐵一日券

公寓的路口就是一個超大的購物中心，真的是超級大的唷！有麥當勞、肯德基、超市、ZARA、H&M，還有我認不得的當地品牌。我們去逛了ZARA，其實我平常在台灣沒有買ZARA的習慣，會去逛只是想看看這裡的衣服價錢如何、款式怎樣，考察一下羅馬尼亞的服裝店而已，所以沒有戰利品。接著去旁邊的家樂福採買這兩天要喝的水、飲料跟一點食物，公寓有大冰箱跟廚房真的很方便呢！

7/16

羅馬尼亞・布加勒斯特

昨天晚上我先上網把往魯塞的巴士票給預定好了，這家ORLAN公司可以線上預訂，上車再付錢即可。早上出門前，我先打電話到辦公室，想問一下搭車的地點到底是在RAHOVA巴士總站還是可以在Hotel Horoscop前面搭？但是電話接通後，聽到我用英文問他問題，對方就把電話掛掉了，再打去就不接電話了。只好先把電話抄著，等下去找遊客諮詢中心請裡面的人幫我們打電話問比較快。

新聖史皮里東教堂
（Sfântul Spiridon Nou/ Saint Spyridon the New Church）

本想走去看大主教教堂，但是應該是又錯路了，走到這間漂亮的教堂。門上牆上什麼字都沒有，我們其實一直都沒發覺是走錯地方。進去之後，教堂的右半邊正在整修，有醜醜的鷹

架，拍照只好盡可能不照到右邊的部分。這個東正教教堂長得跟其他的不太一樣，前面的聖幛不是平的而是彎曲的，這是從來沒見過的型式。我因為衣衫不整（穿短褲）所以不太敢走到前面去，就待在門口附近拍照，當育胤走到前面去看時，有個年輕男子就過去跟她介紹。

教堂的玻璃不只是彩色的而已，而是有聖經故事的圖案；教堂右側有個大的木頭桌櫃，上面有個小棺材般的東西，它中間有一個洞，露出小小片聖人的遺骸。當然這個聖人的圖片就放在櫃子的上面，其實這時候我們都還不知道這個聖人是誰，只知道他是東正教詮釋三位一體的重要人士，他的圖像就是手上拿著有火的木頭，胸前的領巾左右個有一個大的十字架。很多人過來致意（在胸前劃十字）之後，除了親吻那遺骸的位置之外，還會從桌子下鑽過去，我們當然不知道為什麼要這麼做，只覺得以前也沒看過這樣的儀式呀！

在充滿問號之下走了出來，教堂外有一個更大的聖人圖像，像上有寫名字，想說拍照回去再查吧！這時候一個修士走來，問我們是不是需要幫忙，我說我想知道有沒有跟教堂相關的資料，他說有，叫我們跟著他走，他又帶我們走回去教堂。不知道他是什麼重要的人士，大家一看到他的到來，好多人都過來親吻他的手，然後他就用手摸一下大家的頭。進到教堂裡面，有兩家人很高興

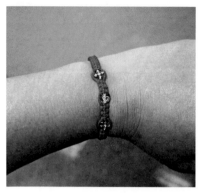

大主教教堂

的抱著小孩過來給他摸頭，只見他走進旁邊的辦公室拿出小手環分別給每個小孩戴上，我們就站在旁邊看他先把大家的事處理好。沒想到，他也進去拿了兩條手環分別給我跟育胤都戴上，應該是充滿祝福的手環吧！

接著他帶我們到那個木頭桌櫃前面，說這個教堂已經有一百五十年的歷史了（後來我有查到是建於1859年），包含了七種建築風格，是布加勒斯特最大的東正教教堂。上面的那位是聖史皮里東，他在某次東正教的聚會上，提出三位一體的概念，以木來詮釋。因為木生長於土地上，需要靠水來成長，而後可以燃燒生出火，用這樣詮釋獲得大家的認同，所以成為東正教一個重要的人士。

後來，他問我們說有沒有問題？其實我也不知道該問些什麼，就這樣謝謝不聯絡囉！走出來之後，育胤說她本來想問：「我可以跟你合照嗎？」但是因為不敢而做罷！

大主教教堂
（Catedrala Patriarhala/ Romanian Patriarchal Cathedral）

沿著小斜坡走到這上面來，我一直以為走到國民宮了，但是竟然在整修不能進去，一時之間覺得真是太慘了。不過旁邊的教堂可以進去，而且正在進行禮拜的儀式，裡面不可以拍照，卻有人在裡面錄音、錄影。應該是經過許可的錄音及錄影，所以好多個修士一起在裡面唱歌，歌聲還挺不錯的。裡面的信徒大都跪著，聽著儀式進行中的吟唱竟然多人淚流滿面，看

·大主教教堂

·瓦拉幾亞王子宅邸

國民宮
（Casa Poporului或稱Palatul Parlamentului/Palace of Parliament）

起來信得很虔誠。這個教堂裡也有一片聖史皮里東的遺骸。

沿著旁邊另一條路走下小山丘，越想越不對，國民宮應該很大才對，而且剛剛的宮殿看起來跟旅遊書上的照片看起來都不太一樣呀？拿出手機確認一下自己的位置，才發現這根本就不是國民宮，剛剛那個說要整修到2015年9月的應該是瓦拉幾亞王子Radu Leon的宅邸，而剛剛看的那個教堂正是我們今天目標的第一個景點─大主教教堂才對。

大主教教堂建於1665年，是布加勒斯特最古老的教堂，獻給康士坦丁大帝及海倫的，於1925年被認定為大主教教堂。此教堂的建築是羅馬尼亞被稱為brancovenesc的風格，是一種融合了拜占庭風格及巴洛克元素的建築。

走到真正的國民宮售票處時已經十二點十分了，得等一個小時才有英文的導覽團，就算是不聽英文的也要等到一點才有羅馬尼亞語團，其實時間差不多，那就跟英文團吧！這種地方的參觀都必須跟著導覽團一起走，可不是會放你自己亂逛的地方。諮詢櫃台負責用英文跟大家說導覽團的時間及價錢，她會用一張小紙片寫明你要參加的團及人數，拿著小紙片進去紀念品店買門票。其實他大可在諮詢櫃台賣票就好，會叫我們進去紀念品店買票，一定是想順便賣一點紀念品吧！

國民宮一天開放的時間不長，上午十點開始到下午四點就結束。一點十五分，要參加這團英文團的人都聚集在入口處，一團還真是多人呀！每個進

去的人都必須把護照交到櫃台，他會換一張識別證給你，出來後憑識別證領回護照，不怕你在裡面不出來。換好證件之後還得全部東西過安檢線，人也要過X光，確認沒有攜帶不該帶的東西才可以進去，實在是有點麻煩。

國民宮是前總統壽西斯古花了相當幾百億台幣的經費建造的，至今完成百分之九十五，裡面總共有三千多個房間，但都是作為辦公使用，沒有人真正住在裡面，是全世界僅次於美國五角大廈的建築物。據導遊先生說，裡面所有的建材、布置的物品都是產自於羅馬尼亞，沒有從其他國家進口的材料。

裡面真的很大，那個水晶吊燈每個都有數噸重，顯見建造的花費真的是很驚人，在人民都吃不飽的年代還可以這樣傾全國之力來建一個人民看得到用不到的宮殿，也難怪壽西斯古最後會被革命推翻並且被處刑。不過，也因為那時蓋的這個國民宮，現在每天有許多各國的觀

·歷史博物館

光客前來參觀，而且未來遊客也只會日益增加，帶來更多的收入。所以，他蓋國民宮這件事到底是對還是不對？是好還是不好？真的是很難斷言的呀！

不過，這裡大雖大，但是感覺沒有很精緻的感覺，比起作為國王行宮的佩雷什城堡稍嫌遜色。可能的原因在於這裡沒有人住，所有東西都只是會議、辦公時使用，沒有人會把辦公室搞得比家裡舒適的吧！辦公室要求的就是氣派，當然就不會有溫馨、日常的感覺囉！

參觀完一圈大約是一個小時，裡面拍照要另外買照像券，室內不是很好拍而且導覽團人很多，所以我選擇純欣賞不拍照。

歷史博物館

歷史博物館的外觀十分漂亮，裡面也非常的大，據説以前壽西斯古的太太常在這裡舉行舞會、派對。裡面展示了一根拆解的圖雷真柱仿製品，真品在義大利的羅馬城內，我

之前去的時候只覺得它好高、好大，但實在是看不太清楚上面的圖案。這個博物館把圖雷真大帝征服達契亞人的這一段複製，並且像連環漫畫一樣一格一格的拆解給你看，並有英文的解說圖畫。拍完解說牌再拍複製品，就花掉我不少時間，也才知道原來圖雷真柱上面的圖片這麼精采好看。

另外，旁邊有一間珠寶收藏室，裡面就是各時期、全國各地出土的好東西，有皇冠、首飾、武器……，都放在玻璃櫃裡，玻璃櫃前還有拉隔離的絨布線，都已經放在櫃子裡了還拉線

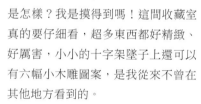

是怎樣？我是摸得到嗎！這間收藏室真的要仔細看，超多東西都好精緻、好厲害，小小的十字架墜子上還可以有六幅小木雕圖案，是我從來不曾在其他地方看到的。

City walk真的是挺累的，逛了兩個超大景點之後，我們又一路走到革命廣場，在廣場旁發現一間遊客諮詢中心。趕快進去請裡面的小姐幫我們打電話，負責櫃台的小姐人很好，馬上幫我們打電話去問，結果巴士公司說只能去RAHOVA巴士總站搭。既然如此也沒關係，確定有

車也確定搭乘地點就好，明天頂多就是叫計程車而已。

我們兩個應該都是累壞了，革命廣場上的克雷茲雷斯克教堂（Biserica Crețulescu）、國立美術館都完全不想再走進去看，門口拍拍照就走了。而舊共產黨總部門口的馬路在整修，拍起來一點都不好看。後來我們走到羅馬音樂廳（Ateneul Român）前的公園時，乾脆學阿嬤們一樣坐在樹下的椅子上休息。休息過後，本想就走回家去，但是好奇跑去看看佈告欄上的節目單，意外的發現今天晚上有表

演（七八月只有每周三有）。因為票價不高（一個人是50 lei），時間也不是太晚（七點開始），我們就決定去聽一聽這個音樂會，可以在漂亮如宮殿般的音樂廳聽音樂會，就算聽不懂，視覺上也是一種享受。

今天晚上表演的樂手都很年輕，應該是高中或是大學生吧！看他們每個人都十分賣力的演出真的很棒，老師應該有要求要跟著節奏搖擺，大家都搖得很厲害！不過，觀眾的水準真的是有待加強，手機此起彼落的響對觀眾及表演者都很不禮貌。尤其是最後一個音下完之後，所有的樂器自然的聲音漸小，大家還在享受餘音繞樑的狀況下，竟然有位觀眾的手機大聲的響起，害我笑了。

（左上一）克雷茲雷斯克教堂
（左上二）舊共產黨總部
（左下三）羅馬音樂廳

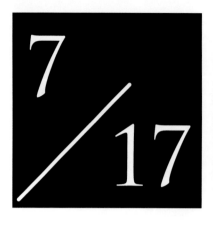

· Rahova巴士總站

羅馬尼亞 · Where is my bus?

今天特別早起，六點多就出門了，因為我們得搭計程車前往Rahova巴士總站，然後等七點半搭上往保加利亞魯塞的巴士。布加勒斯特是一個很大的地方，所以它有很多個巴士總站，根據巴士公司、前往的地點要在不同的總站搭車，這對旅行者來說相當的不方便，我們怎麼可能搞得清楚到底該去哪裡呢？不過，既然我已經線上預訂好了，昨天也請i的小姐打過電話了，就可以很確定要出發的地點。因為我們住的地方若是要去到Rahova總站，得搭兩趟不同的電車，電車開的很慢，除了等車的時間還得等它慢慢的一站一站的開，用google地圖計算就得用掉50分鐘，所以我們還是搭計程車比較快。

在路口攔了一台計程車，距離還蠻遠的但跳錶到巴士站也不過11 lei，顯然上次在布拉索夫不是被坑就是那裡特別貴。到達時才剛過六點半，我們得等一個小時左右，我先進去巴士站裡

面看看可不可以先買票，但是裡面只有ATLASSIB這家公司，也只賣這家的票。我給售票先生看我預約的巴士收據，他說ORLAN公司是有停這個巴士站，但不能在他這裡買票。

既然有開到這裡，上車再買票就好，我就放心的在巴士站找個椅子坐下來。旁邊一堆私家車的阿伯就過來問說我們要去哪裡呀？坐他的車去……的，又不會說英文，用羅馬尼亞語在那邊講，我哪敢坐你的車呀！

到了七點半，還是沒有看到車子的影子，真的開始有點不放心了，再進去問售票員，雖然他的英文有夠破，但我實在不知道還可以怎麼辦？一個堂堂的國際巴士總站，竟然沒有一個會說英文的服務人員。我問他，可不可以幫我打電話給ORLAN公司，因為我一打就被掛斷了。結果旁邊一個服務員就拿出她的小本子查電話，結果告訴我ORLAN只有星期六才有車。

這是什麼狀況，如星期六有車，我是預約到什麼？一整個不懂。我只好用我的手機撥電話，請他幫我跟對方說，畢竟他們是能溝通的，但偏偏這時候那支電話不通了。我跟育胤輪流去路口張望，因為不知道車會不會停在外面不開進來，其中一個阿伯還是不死心一直叫我們坐他的車，還一副很生氣的樣子，我說不要你就生氣了，上了車還得了，而且他竟然開價50歐元，我們搭巴士一個人只要10歐耶！差這麼多誰會要搭計程車呀？

大馬路上還有另一家小巴公司，我們去那邊問，但是他們沒有開到保加利亞。不過一群司機到是挺熱心，後來我電話終於打通了，請其中一個司機跟巴士公司的人說，他有跟對方說我們在Rahova巴士總站，也得到車是九點半才會來的消息。我的手機收到巴士公司那個電話傳來的簡訊也是說車要九點半才會到，既然說法是一樣的，有車就好，等一下也沒啥關係，

，布加勒斯特火車站

誤點在羅馬尼亞似乎是家常便飯。

當我們等到九點時，依然沒看到任何車子的影子，私家車阿伯又一直試圖過來叫我們搭他的車，實在是很煩很想揍他。看我們都不理他還瞪他，他還算識趣的坐到旁邊去。這時候遇到一個年輕男子，他問我們是不是在等車，叫我們不要跟車站裡的人講話，看來他也覺得那些人並非善類。他不是來搭車的，而是等車到達時給他送來的包裹，我問他為什麼寄東西不去郵局而是交給巴士司機？他說這樣比較方便，他把要寄的東西拿給司機，時間到再請人去車站拿，給司機5 lei 東西就送到了，比郵局快很多。也對啦，只要知道巴士的路線及時間，順便送東西的確這樣是比郵局快多了。我把我預約的資料拿給他看，想說他會說英文，可以請他幫我打一下電

話問問。不料他竟然說：我不是要嚇你，但是我從來沒聽過ORLAN這家公司。蝦咪，這真的是大驚嚇，我是訂了什麼？我是從羅馬尼亞巴士公司系統裡面訂的耶！！他打電話過去，的確又沒人接。

最後，我們等到了十點決定放棄，想先回去統一廣場旁的Hotel Horoscop前瞧瞧，運氣好說不定可以看到往魯塞的小巴，若沒有就改去IDM巴士總站（地球的步方上說這裡有往保加利亞的巴士）問，如果再不行還可以到旁邊的火車站去碰運氣。計畫好之後，我們就搭上32號電車，從起點搭到終點就是統一廣場，一個人票價是2.1 lei。不過，我們在旅館前的停車場仍舊沒有看到任何小巴的影子，這種pass的小巴真要我們來剛好能遇到也是奇蹟啦！所以還是搭上計程車去

（右下）跨過兩國的分界──多瑙河

IDM巴士總站吧！我們又在路上攔了一台計程車，這段距離也不近車資是10 lei，看來計程車真的是不貴呀！

到了這個總站，人氣比剛剛那個站旺多了，櫃台有個會講英文的人給我問，他說他們沒有開到保加利亞的班次，他也不知道哪一個總站有，叫我們去搭火車。好吧！這也是原本最後的計畫，因為昨天以為一切都沒問題，我根本就沒有先把往魯塞的火車時間給查起來，現在也只好往火車站碰運氣了。巴士站往火車站因為有段距離，在他們之間設有電動人行步道，走起來不會太累反而還覺得挺有趣的，最後竟然不是通到火車站門口，而是從一號月台進到車站。

在火車站的information櫃台問好往魯塞的火車是12:55，我們大概有一個半小時左右的時間可以吃個東西休息一下，順便平撫一下上午這番折騰帶來的不安。買好票之後，坐在麥當勞的戶外座位區上網，到魯塞之後火車是可以續搭到大特爾諾沃。一查才發現，這是今天唯二的火車，若錯過這班下一班就是明天凌晨了，真不知道我們這樣算不算是運氣好。火車是會到大特爾諾沃的，但應該是超慢車，所以到時將會是晚上十點多了。我們還是搭到過邊境的魯塞就好，再換巴士去應該會快很多。經過一早上亂七八糟的狀況，原本以為九點多就會到魯塞的，現在要到四點左右才會到，我們的伊萬諾沃岩窟教堂看來也只能pass了，留待以後有機會時再說吧！

討論之後，我們又跑去吃了肯德基，這是在羅馬尼亞第三次了，懶得想的時候，速食店真的是很好的選擇。火車還算準時就出現了，幸好沒又遇上誤點。上車之後才發現，我們兩個人的座位在不同的包廂，這輛車的包廂是八個人一間，雖然是不同包廂，但也只是在隔壁而已，沒啥好擔心的。早上的壓力一上車終於稍稍放鬆，當然又是補眠夢周公去了，這次我一點都不怕睡過頭，因為要過邊境一定得把我叫起來查護照的，羅馬尼亞出境這邊查完，很快就到保加利亞入境，也就是我們要下車的魯塞了。

羅馬尼亞這邊在Giurgiu這裡就查護照了，離邊界還有一段距離，大概是想說火車不能任意上下車的關係吧！我把有蓋入境章的那張紙及護照一起交給查驗關員，同車廂的其他人都只要看看就還給他們了，只有我們的被收走，大約半小時左右，就逐一發回護照，我的護照上奇蹟似的出現了一個羅馬尼亞的出境章。啊哈，賺到一個稀有的出入境章唷！因為羅馬尼亞的出入境章是不蓋在我們的護照上的，所以當初才會發那張紙給我們，現在不知道為什麼竟然就蓋在我的護照上了？不過，育胤的護照沒有蓋到，我們猜應該是一個不靠譜的關員蓋了我的護照之後發現蓋錯了，而育胤那本就沒蓋了。上次搭火車入境塞爾維亞的時候也賺到一個入境章，看來搭火車是比較有機會蓋到平常蓋不到的章唷！

接著火車又啟動，等過了河就是保加利亞境內，第一個停靠站——魯塞就

是火車入境的查驗點。下車時有邊境關員來檢查護照，不用蓋章的看一看就可以走了，我們要蓋章的被留到最後，但也沒問啥也沒被刁難，很快的我們也拿回自己的護照了。門口照例又有計程車司機，問你要去哪裡。我事先有查過地圖，巴士總站就在火車站旁邊而已不需要搭車。在火車站對面的匯兌處先去換錢，把用剩的羅馬尼亞lei在這裡換成保加利亞列夫（Lv），相鄰國家換錢都算是方便，不用一定把錢花光。換完錢順便問匯兌處的阿伯要往大特爾諾沃的巴士在哪裡搭，就不用去問那些煩人的計程車司機了。

巴士總站的i說英文，不用等很久五點就有一班往大特爾諾沃的巴士，在月台看時刻表才知道這也是本日最後一班，再次感謝老天爺讓我們今天如此幸運，不會在路上流浪。這段車程約一個半小時，如果傻傻的去搭火車要搞三個多小時唷！小巴的司機知道我們要去大特爾諾沃一定是住在市中心，車開到往市中心的路口時就叫我們下車，省了去巴士總站再叫車到市中心的麻煩。下車地點離旅館似乎不遠，就慢慢的拖著行李走過去，路上不知道為什麼有一群管樂隊在遊

行，還有交通管制整條路都不給車子通行。

今明兩天的旅館很漂亮而且價格便宜，雙人房含衛浴、附早餐，一晚只要23歐元，附近也挺熱鬧的。放下行李先出門去附近轉轉，買點水及食物。路上經過劇院，這周晚上每天都有表演活動，賣票的阿嬤說今天晚上的表演很棒，一定要今天去看，明天的沒有那麼精彩啦！但是這裡的表演都是九點開始的，照今天這麼疲勞的

狀況，恐怕撐不到看完吧！不過因為票價實在是太便宜了，一個人只要8Lv（台幣170元），就算進去看個半場也划得來，我們還是掏錢買票了。

看戲看到睡著

這裡的雜貨店跟在羅馬尼亞的不太一樣，東西都放在櫃台後面，得叫店員拿給你，只能用眼睛購物覺得很怪。對我來說十分不方便，因為我常都看不清楚那個標價是多少，但這不會造成很大的困擾，在一個童叟無欺的國家，他是不會訛詐你的。我們買了水、飲料及半隻雞回旅館吃，順便休息一下省得晚上一邊看一邊睡。這趟出來吃好多雞，在台灣頂多每週一雞就被我老公嫌說太可怕了，在這裡我

們可是每兩天就一雞呢！今天的雞特別好吃，剛從烤箱裡拿出來的鋼管雞果真比較厲害。

劇場就在旅館旁邊而已8:45走去就綽綽有餘，這場的票賣得不錯，幾乎都快坐滿了。劇場並不特別漂亮，就一般的劇場而已，舞台前方有樂團池，有樂團現場演奏。因為表演是羅馬尼亞語的，主要又是以說話為主，唱歌跳舞的部分不多，所以很快我也有點想睡了。一小時後中場休息時，育胤有問我要不要回去，那時我想說再看看下半場有什麼場景，想就說還可以撐一下。但是時間真的太晚了，演到十一點還沒完，我真的睡著了，睡到育胤搖我，原來我真的睡到開始打呼了，真糗！趁某一幕比較黑的時候，我們兩個就溜出來了，今天沒做什麼卻是好累的一天呀！

7/18

保加利亞・大特爾諾沃

昨天看表演實在是看太晚了，今天也沒啥特別的行程就睡到八點再起床吧！這家旅館有供應早餐，可以選歐陸式早餐或三明治，就在它的空中花園裡用餐，感覺很愜意。

睡飽精神好，但是天氣可就不太美妙了，出門的時候竟然開始滴滴答答的下起雨來，出來這麼多天了，第一次逛景點遇到下雨，唉！今天的照片恐怕是上不了檯面的了。巴士站在旅館前不遠處，這一家旅館的位置真的是挺不錯，也難怪在Booking.com上的評價得到超過9以上的高分。（唯一的缺點就是沒有電梯，我們搬行李有點麻煩。）20號及40號巴士都可以到城堡，本以為巴士票要報亭買，一問之下才知道要上車買，保加利亞人的英文明顯平均比羅馬尼亞好，連報亭的阿嬤都聽得懂我們要問什麼，說的也讓我們都能懂。

沒多久20號巴士就來了，我們一上車就跟司機說要買票，只見他沒有要收

錢，也沒有要打票的樣子不知道發生時麼事？他說沒關係叫我們往後走就開車了，原來車裡還有另一個收票的專人呀，她從後面一個一個往前收，一人的票價是0.7 Lv，看來保加利亞的消費應該有比羅馬尼亞低一點。

其實我們昨天才剛進保加利亞，從一個貨幣乘以10等於台幣價錢的地方，到一個要乘以20才等於台幣價錢的地方，很多東西數字都只有原來的一半，常會有錯覺以為東西很便宜，但仔細一想其實跟羅馬尼亞也差不了太多，頂多是便宜一點點而已。以搭巴士來說，在羅馬尼亞大約是2 -2.5 lei左右，在保加利亞則是0.7-1 Lv，比較高的地方都是在首都。而我們買礦泉水都不挑牌子，以BELLA超市來說，兩國都有這家大型的超市連鎖店，一罐1.5L的瓶裝礦泉水最便宜的品牌在羅馬尼亞要0.99 lei，保加利亞則是0.35 Lv，價差不大吧！其他的比較，要等我多待幾天之後才會知道。

城堡

巴士搭到迴轉點就要下車了，售票員很聰明，大概看我們是外國人，猜想一定是要去城堡，到達的時候有叫我們下車，不然又會轉一圈被載回市中心去。城堡位於查雷維茨山丘，是大特爾諾沃三個山丘之一，門票6Lv，開放時間08:00-19:00。在第二保加利亞王國時期，整座山原本是個宮殿，但之後在與鄂圖曼帝國交戰中全毀了，現在只剩下斷垣殘壁，處處豎立著不要攀爬的標誌。對面的特拉波奇薩山丘似乎也有一段城牆，但是我們沒計劃過去那邊，遠眺即可。

山頂的大主教教堂原本外圍有一整圈的城牆環繞，現在也剩下一小部分，但教堂本身已整修的差不多，鐘塔的部分還裝設有電梯可以到頂上由制高點享受無限視野。電梯須另外付費2

Lv，或是一歐元。電梯不是自己操作的，而是售票員會親自帶你上去，上面的視野真的是棒透了。而且售票員先生還過來親切的跟我們解說，才知道原來對面看到的紅屋頂是位於史維塔格拉山丘的大特爾諾沃大學的游泳池。

因為他的英文不錯，我順便問他這裏有多少居民？大特爾諾沃有七萬人左右，其中有一萬兩千人是大學生，這裡除了大特爾諾沃大學之外，還有軍校及好幾所大學，鄰近地方的人很多都會到這裡來求學。拍完照之後，他又護送我們下樓，問我們去看過教堂了沒還為我們指了路。

在還沒進到教堂前，裡面就傳來小孩的尖叫聲，是怎樣呀？結果一進去連我都覺得恐怖，裡面的畫都黑黑

紀念幣購買機

的，太現代了，不符合我們印象中教堂內部的形象，也難怪小孩會嚇到了。後來我們在參觀的時候，又有帶小孩進來的爸媽，這個小孩比較冷靜沒有尖叫，但是一直緊抓著他爸爸的手，沒多久就拉著他爸爸逃走了。看來是個兒童不宜的教堂呀！

接著就在城堡內亂逛，沿著城牆往另一個教堂走去，走到底才知道是個已經成為亂石堆的廢墟，不過這裡可以近距離看到土耳其區，木造的房子就像到了土耳其一樣。

· 大主教教堂

開買囉！

出了城堡天氣漸漸好了起來，但偶爾還是會突然飄一下雨，肚子好餓，今天想找一家餐廳好好吃一頓。想是這麼想，但是路邊整排的紀念品店，就像惡魔般一直招手叫我進去，怎麼抵擋得住這種誘惑呀，一家逛過一家，開買吧！剩下幾天就要回家了，大特爾諾沃這裡的紀念品比羅馬尼亞吸引人多了，不是只有價錢的問題，質感、款式、選擇性都多很多。而且很多東西都是我們上一年在索菲亞所沒有看到的，好想買好想買。

先買一些不是太重的東西，例如說護唇膏、小手帕、海綿香皂什麼的，一直跟育胤說如果我買重的東西一定要阻止我。但是看到玫瑰酒的瓶子好漂亮，我還先扛了兩瓶。（也幸好在這裡先扛了兩瓶，之後漂亮的玫瑰花瓶子我再也沒有看到了。）其實，城堡旁邊有四十人教會及聖彼德與保羅教堂應該去瞧瞧，但是我們都被吸引去逛街了，這兩個教堂就跳過了只看了一個順路的聖處女降誕聖堂。此時天空竟然一掃早上的陰霾撥雲見日，這天氣變化得未免跟翻書一樣快。

一邊找尋餐廳，一邊沿路繼續逛紀念品店，途中還經過可以遠眺阿森王紀念碑的觀景平台，我看也不用費事走過去那邊了，那麼巨大的紀念碑走過去反而拍不起來。最後在距離我們旅館不遠處看到一家強強滾超級多人的餐廳，餐廳這種事還是人多的地方比較好，所以我們也跟著進去湊熱鬧了。這家餐廳的裝潢十分漂亮典雅，很鄉村風，還有可以眺望阿森王紀念碑的好景觀。菜單送來也十分令人驚豔，什麼東西都有賣而且價格十分實惠，倒也不是說有多便宜，就是一個在餐廳等級覺得可以接受的價格。

我們點了一份烤雞，加與不加配菜都可以自己選，價錢不同；以及一個小的雞肉蘑菇披薩。東西送來之後我們

·大主教教堂的圓頂

·土耳其人居住區

·聖處女降誕聖堂

都有一點傻眼,那簡直要說是一大盆
的烤雞及根本就是假扮小披薩的大披
薩。兩樣都非常好吃,但是如果全塞
進肚子裡,肯定會撐破肚皮。實在很
佩服那些大隻的外國人,他們除了一
人一份之外,還可以吃個好幾樣,也
難怪會長得那麼大隻了。

吃飽喝足之後,當然又是繼續逛紀念
品店,各家賣的東西大同小異,那個
大同看多了就沒啥樂趣了,小異才是
我們注意的重點。有些東西似乎只在
某一家看到,之後再也沒有了,那一
定是比較有意思的東西,不然買來買
去全是跟大家一樣紀念品,有什麼樂
趣呀!更何況他們幾乎都是均一價,
更沒有比價及殺價的困擾,在哪一家
買大眾化商品都一樣。不過,整體來
說,靠近城堡那邊的店比較貴一點,
靠近餐廳這一區的店比較便宜一些。
以磁鐵來說,城堡門口的店都是一個
賣4 Lv,但是餐廳這頭的店,一樣的
磁鐵只要3 Lv,所以還是不要在觀光
區血拚比較聰明。

·大主教教堂內壁畫

昨天晚上太累，根本就沒有寫東西，下午回旅館去補做一下昨天該完成的進度。寫旅遊日記這件事就是這樣，一旦進度拖到了，很可能就會越拖越多，最後就不了了之了，還是得快快跟上進度才好。我發現這一趟旅行我有帶電腦出來，是有大大提升每日的字數，但似乎並沒有省到我每天要花在寫作這件事上面的時間，我依然還是得花兩到三個小時來做這件事。以前用本子寫，吃飯、休息的時候隨時都可以拿出來寫，現在我一定得等到回旅館才能做這件事，我可不想整天背著我的電腦到處跑。但

· 阿森王紀念碑

是，有時候回到旅館時就已經很累了，就算洗完澡還未必能提起精神，在大家以為光鮮亮麗的事情背後，都有它困難的一面呀！

這裡的商店大概七點左右全關門了，只剩下餐廳還營業著，下午吃那麼飽又吃得晚，晚餐也吃不下了，出來玩幾乎都一天一餐，我也覺得自己實在是很神。不過別誤會，一天一餐不是為了省錢，我是個不能餓肚子的人，餓了我就一定要吃，不然我會生氣。也不是不方便吃，這裡的餐廳幾乎都是全天營業，下午也沒有休息，隨你高興吃幾點就吃幾點。所以早上在旅館吃完早餐，大概到兩點多三點肚子餓了，我們就找東西吃，吃得多就可以一路飽到晚上，或是路上隨便吃點分量不大的小東西。當然，如果我們下午那一餐沒吃很飽，晚上大概五點就得吃晚餐了，這樣算是一天只有一餐正常的吧！

7/19

保加利亞・卡贊勒克

這麼舒適的地方就給他睡晚一點吧！很多人都很羨慕我每年都出國長途旅行，其實旅行真的還蠻累的。我得承認原因大部分來自於自己的貪心，總覺得都來了，就多去幾個地方瞧瞧，平常在台灣周一到周五上班，六日都睡得晚晚補眠，至少一周都有一到兩天的休息時間。但是出來玩，幾乎都會每天有想去得地方、想做的事、想吃的東西、想看的表演……。所以，旅行還是要即時，現在跟十五年前開始自助旅行時的體力根本完全不能比的啦，我更加珍惜每一次可以出來長途旅行的機會。

保加利亞和羅馬尼亞一樣，郵票只能去郵局買，問了很多賣明信片的小店都沒有販賣，這樣要配合郵局上班的時間，實在麻煩。我想，外國人到台灣應該會覺得小七很神奇吧，二十四小時服務，不只可以買到生、熟食，連郵票也可以買到，還可以幫你打電

話叫計程車。（PS.好啦，唯一的障礙是店員到底聽不聽得懂外國人說什麼？）買好兩人所需要的郵票，希望保加利亞只買這一次，不要再找郵局了。接著，又是紀念品一條街的胡亂逛街購物，買啥那麼好買？當然是所有印有玫瑰圖案的產品囉！

有鑑於保加利亞的物價似乎不高，搭巴士也沒有很貴，我們離開時請旅館幫我們叫計程車到西巴士站。大特爾諾沃有西巴士站及南巴士站兩個，我們昨天請旅館櫃檯的先生幫我們查了

往卡贊勒克的巴士時間及搭乘地點，跑錯地方可不好笑，相差的有點遠唷！跳錶的計程車果然平價，搭到西巴士站花了4 Lv，之後有搬行李時就搭計程車吧！往卡贊勒克的班次不多，一天只有四到五班，一定要先查好，不然可能得在巴士總站等到天荒地老。我們搭十二點的那一班，票價12 Lv，搭了兩個小時左右。這一趟沿路都是山路，而且天氣不好還起霧，深怕暈車的我，一上車就立刻想辦法讓自己睡著。似乎每一趟車我都是睡著的狀態，跟山路不山路好像也沒關

係？這真的是標準的老化跡象—躺著睡不著、坐著一直睡吼！

抵達卡贊勒克（Kazanlak）時，還滴滴答答的下著小雨，先去旅館放東西再想辦法去找玫瑰工廠吧！卡贊勒克是個不大的城市，隨便搭計程車應該都不會太遠，果然這一趟只花了我們2.6Lv，雖然距離短但司機不會臭臉。旅館的櫃台阿嬤英文似乎不是很通，她準備一份有地圖的小冊子給我們。保加利亞應該是有認真在拚觀光，昨天在大特爾諾沃我們也有拿到

類似的小冊子，裡面有附近景點的介紹、藝文表演活動的日期及時間地點、地圖……，對觀光客來說很實用小冊子。

玫瑰博物館

但是當我們問她附近有沒有玫瑰工廠時，她只告訴我們去看玫瑰博物館。今天是恐怖星期六，東西放著還是趕快出門比較好，歐洲人比我們重視休閒，周末對我們觀光客來說都很恐怖，很多地方不是不開放就是早早關門。果不其然，當我們走到i時，大門早已深鎖。這下子要去哪裡問呢？昨天晚上上網查，有去玫瑰工廠的都是旅行團，也沒寫在哪裡，現在又問不到，該怎麼辦呢？剛好我們路過一家很大的Grand Hotel，進去問他的櫃台，大飯店的櫃台英文多半好一些，而且問問題應該也不會拒絕。不過，我們得到跟旅館阿嬤的答案一樣：去玫瑰博物館。

搭計程車前往玫瑰博物館只花了3 Lv，離市中心真的不遠，但是周圍很荒涼，開始擔心等一下要去哪找計程車載我們回去？不知道是下雨天還是平常就這

樣，沒有看到除了我們以外的遊客，我們買了票之後，售票小姐才去開燈給我們參觀，裡面展示了製作玫瑰精油的相關器具及每一屆的玫瑰公主，很小不怎麼好看的博物館，根本可以跳過不來的呀。以後不是五六月來的人，就不必特地繞來卡贊勒克了，既沒有工廠可以參觀，也沒有滿坑滿谷的玫瑰花可以看。

好吧！那就在博物館後面的花圃找觀賞玫瑰拍照，想辦法生出好多玫瑰的假像照片。照片果然可以騙很大，喬個好角度從上往下照，超像身在滿坑滿谷的玫瑰園之中，大家記得不要再以像取人了！

周圍真是荒涼的可以，大馬路上車子都咻咻的呼嘯而過，看來連要搭便車都有困難，請門口的警衛阿伯幫我們叫計程車。因為說不太通，他好像有問我們有沒有電話之類的，但是我實在是不知道他在說什麼，後來他示意我們在那邊等，他跑進去博物館裡面不知道做了什麼，出來之後就開始打電話了，看來應該是沒有問題。果然，阿伯都是可靠的，沒多久車就來了。開車的也是一個老阿伯，育胤發現他沒有跳錶，不過我想這種鄉下地方應該都是童叟無欺的，就先相信他吧！

我們直接請他載我們到色雷斯人墓（Thracian Tomb），到了一大排的階

梯下,阿伯指了指上面,應該就是說
我們要去的地方在那上面。正準備下
車開始爬樓梯的時候,阿伯竟把車硬
是從旁邊的車道給開了上去,停在最
靠近墓室的地方讓我們下車,一樣只
收了我們3 Lv,果然是個不會敲詐觀
光客的好地方。

色雷斯人之墓

真正的色雷斯人墓大概是怕被破壞只
能看外面,但是這個墓室厲害的地方
就是裡面的壁畫,所以政府在旁邊蓋
了一個跟原版尺寸一樣大的仿製品,
隨便你進去怎麼踐踏、怎麼摸都沒關
係。保加利亞人真的是誠實的可愛,

因為墓室是複製品，他也不會騙你是真的，連指標看板上面都寫明copy的字樣。售票小姐在賣票時也跟我們說這是一個與原尺寸原畫作一模一樣的複製品，應該只差裡面的死人骨頭吧！複製的墓室旁邊還展示了在墓室裡挖到文物及簡介看板。門票一個人是3 Lv，要照像另外要加5 Lv。今年來的這幾個國家，照像都得另外收費，簡直是看準觀光客喜歡照相的特點來獲得另一筆收入。而且照相費都比門票貴，當然人家也沒強迫你一定要照呀，不照就不用付錢呀！

我們都是看情況選擇要不要買照像票，例如羅馬尼亞的修道院因為壁畫太精采，不照回去有點可惜，而且可能會每個修道院傻傻分不清楚；但是像佩雷什城堡、國民宮都是室內又得跟導覽員，要照像也不容易照好，乾脆就好好瞧瞧就好。最看不慣的是沒付錢又要給人家偷照的那一種，人家都用信任的方式在售票處問你有沒有要照，要照就付錢不照就算了，而且一群人只用一台相機照就付一張相機票，裡面的確是沒人檢查你是否有購票，但千萬別做失格的旅人。

墓室前有一個小廊道，上方也有些彩色的壁畫，畫作的線條十分簡單稱不上精美。再往裡走就可以進到圓形的墓室，這個墓室真的是小的可以，怎麼堂堂一個色雷斯王子夫婦只能有這麼小的墓室？這裡面的畫顯然比外面的精緻許多，大概是想讓王子躺著欣賞，畫得比較認真。

墓室其實離市中心很近，要不是我們從玫瑰博物館回來，其實從旅館只要走路五分鐘應該就可抵達。在過馬路的時候，看到一家專賣玫瑰產品的商店——Rose House，就先進去逛逛免得等一下到餐廳區周邊時店又全關了。我猜這家店應該專賣旅行團的，因為裡面的布置有製作玫瑰精油的器具以及身穿民族服飾的假人，

門外還擺放了一個可以把頭伸進去扮採花姑娘的看板。裡面的員工很會做生意，一下請你喝玫瑰酒，一下子又邀你吃玫瑰軟糖，不然就是試用一下這個、試用一下那個的十分殷勤。

這家店賣的東西種類很多，價錢也都跟其他地方一樣，看在他們熱情招呼的份上，給別人賺不如給他賺囉！我們還是比較喜歡笑臉迎人的店員，即使他不是真心，看了也心情愉快。除了一般小商店可以看到的品牌之外，在這裡我們另外看到一個不常見的牌子，包裝很有質感但是價錢稍高了些，聽說保加利亞的玫瑰產品各種都很厲害，所以我們也都在這裡小買了幾樣回去試試。

路邊隨便亂長的玫瑰看起來好像比剛剛博物館那裡的厲害，趕快再多拍幾張，又要創造滿坑滿谷玫瑰的假象。

找家餐廳坐下來吃飯，保加利亞的物價真的不錯，一天只吃一餐餐廳預算也還是很鬆，不會有什麼負擔。我們今天又點了一個小披薩跟烤雞翅，這地區似乎很流行吃披薩，吃了幾家都還不錯，喜歡吃披薩的人應該就餓不死。每次出國都很怕自己會餓死，不是我吃東西很挑，而是怕找不到吃東西的地方。不過連兩年到巴爾幹這裡，吃東西似乎都不是個問題，隨時都有供應

食物的地方，而且不論什麼時間吃東西都不會有人覺得奇怪。

吃飽飯雖然才六點多，但是所有的商店都關門了，還開著的不是餐廳就是BAR，就早早回旅館休息囉！不過，這家旅館的房間有煙味，讓我很不舒服。明明就是訂禁菸房，房門上也貼著禁菸標示，但整個房間還是充滿煙味，害我們只好一直開著窗戶吹風，到自己漸漸麻痹為止。

・卡贊勒克巴士總站

7/20

保加利亞・普羅夫地夫

早上用過旅館的早餐就請旅館櫃檯的阿嬤幫我們叫計程車去巴士站，既然搭車都不貴，就不用浪費力氣拖著行李走過去了。往普羅夫地夫的車一天只有四班（7:00、8:30、11:00、16:30），我們覺得八點半那班對我們來說比較剛好，不用太早起來，況且卡贊勒克這裡已經沒有我們想看的東西了，就快一點移動到下一個地方，普羅夫地夫可是保加利亞第二大城，應該會有更多地方可以參觀吧！

到巴士站買票時，因為想說育胤已經買很多次票了應該沒問題，我就負責看顧我們的行李箱，請她去買票。但不知道怎麼樣，遠遠的就看到她一臉困惑的神情，不知道售票員又說了什麼令人費解的話？旁邊一個本來坐在那邊等車的女生突然站起來，自動用英文跟她解說。原來售票員要她等一下，要等司機來了才知道可以賣多少票。看到車子的時候我就知道發生什麼事了！這是一台小巴，而且這裡不

是起站，所以到這裡時到底有多少位置，真的得等司機到的時候才知道。而且司機知道每個人搭到哪裡，有時雖然沒位置，但因為司機知道可能一兩站之後有人會下車，他也是會讓你上車的。

這一趟的車錢7 Lv，所以我猜大概一個半小時左右就會到，大概一百元台幣的車錢可以搭一小時，這是根據經驗得到的平均值啦！昨天沒看到玫瑰花，今天搭車倒是看到滿坑滿谷的向日葵，不知道為什麼羅馬尼亞跟保加利亞都種植那麼多的向日葵？是想要葵花子還是葵花油呢？整片金黃色的花朵在陽光的照耀下，顯得格外的動人，可惜不能叫司機停車讓我走進花園中跟向日葵們擁抱。果不出所料，一個半小時後我們到了普羅夫地夫。

當車停在巴士總站後，本來想找車站進去看往索菲亞的班次時間，但四處張望似乎沒看到售票的辦公室。此時

有一個年輕人看我們轉來轉去不知道在找什麼，他就主動過來問我們要不要幫忙。哇！一個早上連著遇到兩個要幫忙的人，今天真的很lucky。他說往索菲亞的巴士要在南巴士站搭，下車這裡是北巴士站，還熱心的幫我們問路人要搭幾號巴士可以到南巴士站。既然如此，我們還是先去旅館再說好了，旅館的櫃台如果英文OK，也可以請他幫我們查。

同國不同價的計程車

當然，我們又坐了計程車。羅馬尼亞跟保加利亞的計程車都很有趣，起跳的價錢及每一公里的價錢因車而異，但也不是隨便喊價的，每一台車的價錢都貼在乘客上車那邊的玻璃上。到目前為止，我們搭的每一台價錢都不一樣，不知道定價的根據到底是什麼？

· 計程車費率貼在車窗上

· 旅館有很多免費的旅遊資料

· 羅馬運動場遺址

· 亞歷山大大道

· 羅馬運動場想像圖像圖

· 羅馬運動場的階梯保存相當完整

· Djumaya清真寺

我訂的旅館位在新城區與舊城區的交界處，算是市中心，搭計程車過去也只花了4 Lv。因為時間還很早，我也不預期旅館可以立刻讓我們進房間，能讓我們放行李就好。不過，櫃台的先生卻說我們的房間一小時之後就會整理好，還拿出地圖、活動介紹給我們，果然相當專業。今天訂的也是公寓，不過因為樓下有櫃檯，想問什麼都找得到人，是比較方便的。

在活動手冊上發現今天晚上在古羅馬劇場有表演，但是我看不出來是什麼，指給育胤看，她說那是歌劇——阿伊達。如果能買到票，在古劇場欣賞歌劇表演，除了會坐到屁股痛之外，應該也是很不錯的。馬上詢問櫃檯的先生去哪裡買票，他說要直接到劇場那邊買票。

旅館附近就是可以逛街的行人徒步區，到處都是服飾店、餐廳還有玫瑰產品專賣店，甚至還有賭場及麥當勞。不遠也剛好有一家我們的好朋友BELLA超市，生活機能很不錯。走到Djumaya清真寺不知道為什麼竟

然沒有開門，而清真寺的一側竟然緊鄰一間餐廳，連要拍張單純的清真寺照片都有困難。旁邊可以看到位在地下的ROMAN STADIUM一部分（因為位於鬧區的地下，現在也無法開挖，只能就先這樣放著），可以走下去參觀不用錢。入口處有一個遊客諮詢中心，這裡也可以索取免費的地圖。普羅夫地夫的官版

地圖做得很不錯，一些景點都有縮小建築的圖像，可以對照著知道自己找對地方了沒有，比起只有文字標示版的，對遊客更是方便好用。我們順便去裡面問了阿伊達的門票要去哪裡買，小姐說到前面一點接近郵政總局附近的票亭買。

整路的店對我們來說是很大的誘惑，忍不住一家逛過一家，還問人家幾

點打烊，打算等等回頭再來採買。等我們逛到票亭那邊，售票員卻說沒有票時，其實我們兩個都有一點小失望。不過當天才要買票這的確是很有可能，阿伊達在這裡也只有演一場而已，當然大家要看的也只能選這一場囉！此時，旁邊一個小姐卻對我們說，不是沒有票了，而是這裡不是售票處，要我們晚上七點到羅馬劇場門口去買票。哦~原來還有機會買到票唷！等等先回旅館去查一下劇情，晚上才不會不知道在演什麼。

小劇場

走到底，順便去看地圖上標示另一個叫做ODEON的小劇場，但現在已是一堆亂石堆，大致上可以看出原來劇場的樣式，但已經無法使用了。所以目前整區都圍起來，只能在外面遠遠的眺望而已，不知道是不是有整修復原計畫？

在這裡還有另一個i，我們又晃進去瞧瞧，裡面也有提供普羅夫地夫的地圖。在這裡我們發現有好多景點的小卡片放在旋轉的展示架上可自行取用，我跟育胤就這樣一邊旋轉一邊看著那些景點的照片，一邊盤算著有哪些特別的地方值得前去瞧一瞧。

其中看到一個近郊的Bachkovo修道院，號稱是保加利亞第二大的修道院，去年已經看過保加利亞最大的修道院—里拉修道院了，如果明天有時間去這個看起來也蠻漂亮的第二大修道院走走應該也是不錯。問了櫃台的服務人員，這個修道院離

普羅夫地夫大約半小時左右的車程，要去南巴士站搭車，每整點就有一班車，看來不是很困難到達，可以列入考慮。

十二點多的天氣真的超熱，太陽直到根本沒有遮蔭的地方可以躲，我的腳已經都曬出涼鞋的圖案了，再多的防曬似乎也是徒然，超慘。先經過超市買好飲料、水果再回旅館去，等會兒可以睡個午覺晚點再出門。經過快餐店時，好多人在排隊買披薩，應該會很好吃吧！不過我對披薩沒啥興趣，倒是覺得炸雞翅很不錯，一隻三節翅只要台幣10元，夠便宜了吧！外帶回旅館吹冷氣享用。今天住的這家公寓式旅館真的是超級優，也難怪評價有

八點多，房間超級大而且乾淨舒適，冷氣、冰箱、廚房一應俱全，客廳的沙發舒服到可以讓人賴著不想動，還有前陽台及跟半間屋子一樣大的後陽台，想來要開趴也不成問題唷！等等準備去問櫃台明天可否再住一天，後天早點回索菲亞就好，也省去搬行李、換旅館的麻煩。

吃過東西之後，給自己倒杯飲料，開始來朗讀阿伊達的劇情，我相信以我們這一趟出門的運氣，一定會順利買到票的。休息到四點再出門，很不幸這家公寓式旅館明天是處於全滿的狀態，看來還挺熱門的，這下子今晚回來可得找一下明天到索菲亞的住宿了。

從Djumaya清真寺旁的斜坡往上走，就可以進入舊城區。沒多遠首先映入眼簾的就是THE ASSUMPTION CATHEDRAL教堂整修中的鐘塔，這是一個東正教的教堂，裡面正巧遇到有人在舉行婚禮，新娘穿著白紗禮服跟新郎及伴娘伴郎們一同站在一個小桌前，穿紅袍的神職人員念念有詞，應該是祝福禱告吧！之後就在這位神職人員的帶領之下，大家開始繞著小桌轉，因為不懂這個教派的儀式，並不知道這樣是代表什麼意義。兩旁的親友都手持蠟燭，站在旁邊參加這對新人的婚禮，看了一會兒我們就離開了。

今年看了好幾個教堂裡面都有裝冷氣耶，看來教堂也必須現代化，有舒適的環境可以提高大家上教堂的意願

古羅馬劇場

吧！搞不好以後教堂都會有免費的wifi可以使用呢！當我們離開教堂中庭往古羅馬劇場走去時，教堂的鐘響了，四十幾分？現在是響那一個時刻呢？我還跟育胤說：説不定是禮成了，所以敲鐘讓沒來參加的人知道的。

古羅馬劇場
（Ancient Theatre）

走到劇場這邊卻進不去，看裡面忙碌的工作人員應該是在為晚上的表演做準備，想必這阿伊達的歌劇表演也不是天天都有的！在外面晃了半天，也不見什麼售票的地方，更別提有任何的標示了。看來真的得等到晚上七點再過來瞧瞧，有票就進去看，沒票就站在外面看免錢的，反正也未必真

· SV. DIMITAR教堂

能看完全場，我猜最後可能也是以看到睡著成為本日的句點。今天是星期日，還是早點去舊城區那些感興趣的地方轉轉，省得再晚一點變成閉門羹吃到飽。

劇場旁邊就是SV. DIMITAR教堂，跟我們去年在馬其頓看過的教堂一樣，裡面也有一座木製迴旋梯，但不知怎麼都沒有人。進去裡面就不能拍照了，只能從外面伸長鏡頭拍一張狗仔照。

接著本來想沿著教堂邊的路一路走到舊城中心的聖康士坦丁和聖海蓮娜教堂，但應該是地圖畫得有問題，我們走到一間外觀是橘色的老房子，經由路邊的路牌確認它是LAMARTIN，拍張照趕快往正確的舊城中心走去。這裡的地形果真是高低起伏，而且路都是由大小不一的石頭砌成的，有夠難走的。若是踏在太大面積的石頭上

①②③④ 聖康士坦丁和聖海聯娜教堂

時，還會有滑倒的可能，我看這裡只適合穿運動鞋來，最好還是登山鞋。舊城區老房子很多，大一點的老房子會標示在地圖上，大部分的風格都還蠻類似的，走鄂圖曼土耳其風。

當我們走到聖康士坦丁和聖海蓮娜教堂竟然又遇上另一場婚禮，看來今天可真是個好日子呀！這對新人的年紀有點大，參加的人有點少，新娘也沒有穿白紗禮服，看了一會我們就走出來外面拍照了。正當我們在外面時，剛好看到有人跑去敲鐘，而後新人及親友們就走出來了，看來敲鐘的確是禮成的宣告。

令人意外的是，那個老外新郎竟然用中文跟我們講話，現在中文已經成為世界語言了嗎？怎麼這回遇到

這麼多會說中文的外國人？原來這對夫婦已經在中國深圳住了十年，新郎是普羅夫地夫這裡的人才會回到這裡來補辦教堂婚禮，順便帶大家來他的家鄉玩。他說其實他們早就已經舉辦過一般的婚禮了，但是對他們來說還是得在教堂結婚才算是真正的結婚。

民俗博物館（Ethographical Museum）

雖然聊得愉快，但時間的關係實在不宜耽擱太久，再混下去等等要去看的民俗博物館恐怕只有門可以拍照了。果然當我們走到位於不遠處的博物館時，看到開放時間只到六點，我們只

剩下二十分鐘左右可以參觀。這是無所謂啦，反正我只是想進去看一下熱鬧而已，參觀一下由大宅改建的博物館，看看以前的豪宅長什麼樣子。

門票一個人是五元（學生兩元），管理員小姐跟我們說只剩二十分鐘了，問我們是不是確定要進去？當然囉！明天可不想再走這段很難走的石頭路

上來，進去晃一圈看看二十分鐘應該
是夠的啦！當育胤掏出我們公費僅剩
的大鈔（50元）準備付門票時，那個
小姐還問我們是不是學生？我們兩個
每次都很誠實，不是就說不是，不會
為了省一點錢就謊稱自己是學生。不
過，那個小姐瞥見育胤包包裡有一張
五元鈔票，她說：「你們沒有足夠時
間參觀，來，給我那張五元，一個人
付兩元的門票就好。注意時間，六點
關門，你們要在關門前五分鐘回到樓
下這裡。」哇！票也可以這樣賣唷？
這裡的票不是一張，而是像園遊券那
樣一張一元的，她一共撕了四張給我
們，超妙！

這間豪宅建於1847年，不愧是豪
宅，裡面房間超多，房間裡還有房
間，我猜應該有不只一個老婆（風水
上說房中房會有小老婆）。現在每個
房間都展示不同的收藏品，有的是布
置成以前使用時的樣子，有時間的話
的確是可以慢慢欣賞，算是間不錯的
博物館。

博物館旁就是進城的城門（Hissar
Kapiya）了，正當我們在拍照的時
候，遇到一群應該是擔任伴娘的妞，
個個穿著漂亮的紅色長裙露背禮服，
這不稀奇，屬害的是每個人腳下踩的
那雙細跟的高跟鞋。這石頭路我穿休
閒鞋都差點滑倒多次，這群辣妹竟然

可以穿高跟鞋走。因為怕鞋跟踩進石頭的隙縫中，她們一個牽著一個相互扶持著，行進速度緩慢而且專注於足下，才讓我有機會拍到她們的照片。

聖尼達亞教堂
（ST. Nedelya Orthodox Church）

我們走到這家位於舊城區邊邊的教堂時，裡面正在舉行禮拜儀式，奇妙的是前方有一張大桌子，上面放滿了各式各樣的麵包，而修士就對著那一堆麵包不知道在念些什麼？難道這些麵包需要念經給它們聽嗎？只見好一會之後，修士一一拿起那些麵包，而每一份麵包都會有人上前領取，看來應該就是帶麵包來的人吧！更妙的是，這些媽媽們竟然開始到處分麵包，有切片的就一個人發一片，沒切片的就剝一塊給你，每個經過我旁邊的媽媽都發一份麵包給我。帶著大家發給我被祝福過的麵包，我和育胤坐在外面

的花園裡享用，討論著這不知道這是哪一個教派的儀式。

七點我們又走回古劇場，還是找不到賣票的地方，只好去問在裡面的工作人員，他叫我們八點再來入口買票。我們決定先坐下來吃晚餐順便卡個好位置，等等如果沒有看到賣票的，就坐在這裡聽免錢的。這家餐廳可能生意太好，所有的湯都已經賣光了，只

好點一份雞肉條隨便吃吃。快八點時，果然在入口處看到有人搬來一張摺疊桌，上面胡亂的貼了一張阿伊達的海報，想必就是傳說中賣票的吧！在看到有人靠近並且成功買到票之後，由我駐守餐廳的位置，育胤趕快過去買票。這票似乎是沒有劃位的隨便票，一個人只要10 Lv超便宜的啦，等等就算沒有聽到最後也是值得。

·聖尼達亞教堂　　　　·阿伊達的門票

　　買好票，明天要住的旅館還沒訂，想想還是走回去旅館處理一下比較好，反正旅館離這裡走路頂多五分鐘，至少可以回去休息半個小時再出來。這一趟出來，其實並沒有哪一個地方的旅館特別難訂，反正訂房網站上多的是旅館可以選，只是想要選個地點方便一點、評價好一點的旅館，就得多花一些時間比較看看。之前因為要從索菲亞搭機回台灣，保險起見前一晚一定會先住索菲亞，所以有先概略看過有哪些旅館可以選。最後，其實也沒有考慮太多，選了個離巴士站、地鐵站近，而且有提供代叫車往機場服務的旅館。

　　訂好旅館後，總算可以放心地去看戲了，入場之後真的有點嚇到，人超級多的！所有的工作人員都有埃及風的裝扮，入口走道的下方靠近舞台的部分是

有劃位置的,而走道上方應該就是只有劃區域的自由座。其實位置怎麼分的我們並不清楚,因為走道上方這一側的石階沒有整修得很完善,有些部分的階梯殘缺不全,我們找個有空的地方就一屁股給他坐下去,卡到一個視野不錯的位置。

阿伊達

九點鐘準時開演,因為有先研讀過劇情才不至於鴨子聽雷,看得也挺有意思的。這個劇場因為是整修過的,所以原來設計時的音響效果已經完全破壞掉了,實在是可惜。我說的音響,並不是指現代的音響設備,而是指以前古時候的劇場設計都有考慮如何讓舞台表演的聲音可以集中,不需要靠任何的擴音設備就可以讓所有觀眾都聽得很清楚的設計。之前我曾經在希臘的納皮里歐古劇場看過一場表演,那時雖然完全聽不懂用德文演出的內容是什麼,但是每個演員完全不需要麥克風的表演讓我十分驚豔,那是一個保存的超棒的希臘式劇場。另外也在敘利亞的波士拉(Bosra)體驗過

那個希臘羅馬綜合式的古劇場美妙的音響,雖然當時並沒有在那裏看表演,但是跟旅伴們輪流在台上唱歌,感受前人精巧的音響設計。

也因為此處的音響設計已然破壞,表演時只有主角級的人物才有麥克風可以用,導致那些衛士們、仕女們唱歌的聲音與主角的音量無法匹配,是這場表演不盡理想的地方。不過,場景確實是很盛大、很讚。女主角阿伊達唱得極好,演公主的第二女主角表現也不賴,相形之下男生唱得就有點遜色。唉!歌劇這種東西,以聲音的頻率來說,低頻的男生要表現得比女生出色應該有難度吧!

演到中場休息(第二幕結束)就十一點了,當休息時間結束後我們又聽了半個小時左右,想想若真要把阿伊達看完,恐怕要過十二點吧!算了,還是回去睡覺吧!在這種半壞不壞的石頭階梯上,萬一睡著了跌下去就不好笑囉!

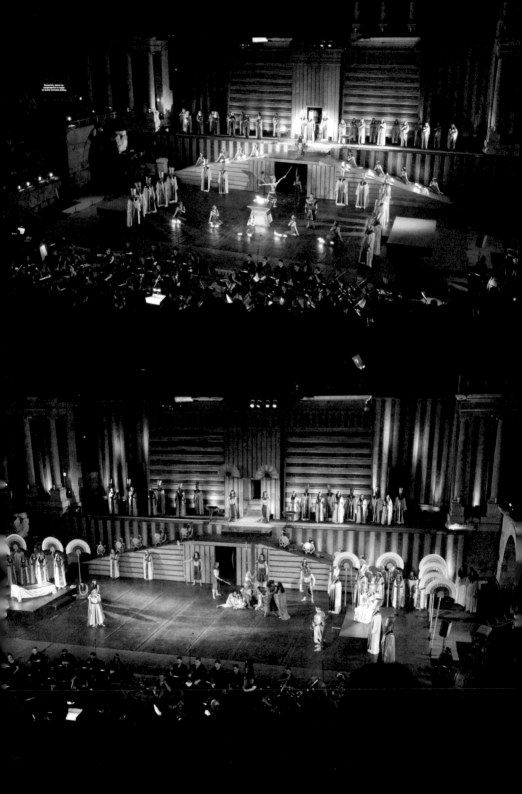

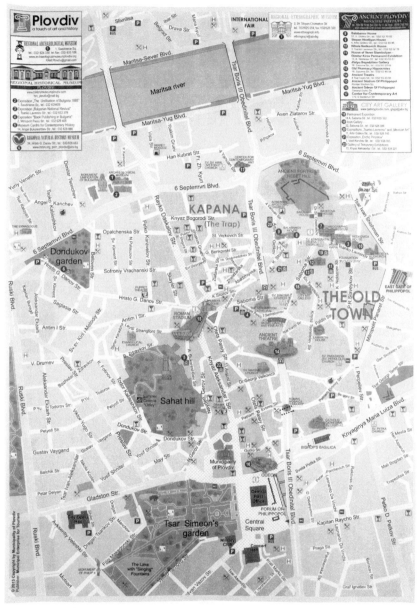

· 普羅夫地夫官方的觀光地圖

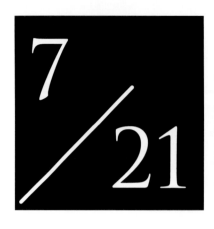

7/21

保加利亞・近郊Bachkovo修道院

· 較新的羅多比巴士站

近郊Bachkovo修道院

早上九點多出門，請旅館櫃檯幫我們代叫計程車，雖然是公寓式的旅館，但是樓下有櫃台真的是方便很多。沒多久計程車就來了，這台車的起跳價還更便宜，一路載我們到南巴士站（Yug）跳錶只要兩元，看來大家到保加利亞乾脆都搭計程車就好，方便又不貴。

但是當我拿著昨天在i拿到的Bachkovo修道院的那一張小卡片問售票櫃台的

· Yug 巴士站

· 羅多比巴士站

小姐時，她卻說不是在這邊搭，得跨過鐵路到另一側的羅多比（Rodopi）巴士站去。還好距離不是很遠，走過個橋就到了。但是這兩個車站的新舊真是有天壤之別，剛剛那個可以搭到索菲亞的巴士站破破舊舊的，而這個通往附近小鎮、郊區的巴士站卻嶄新的有如國際巴士站一樣明亮寬敞，有行李寄物處甚至還有免費的wifi可以使用。

帶著有圖片的景點小卡真的好用，再次拿給售票櫃台的小姐看，她說十點有一班車、在第一月台、車票上車跟司機買。因為還有半個多小時，這裡剛好又有免費的wifi可以使用，聽說有個颱風正往台灣靠近，趕緊發個信件給旅行社問問是否可以改票，還有要如何改比較好。因為這次回國的隔天我就有一個研習要參加，所以回國的時間絕對不能耽誤到。聽說颱風影響的範圍主要是以北部為主，我比較希望可以改從香港飛高雄，住台中的好處就是無論從桃園或是從高雄回家都算是方便。順便請在台灣的老公追一下旅行社的回覆，在國外跟台灣有

時差，有時候要聯絡也不是很方便。自助旅行就是這樣，什麼問題都有可能遇到，遇到了就得靠自己解決它，現在只祈禱能順利的在預定的時間回到台灣。

車子不到十點就來了，是一輛中型的巴士，一上車照例把小卡片給司機看，只見他點點頭沒說什麼，肯定這班車是會到啦！但我還希望阿伯你可以叫我們下車呀！但是我也知道他聽不懂英文，保險起見，當我們坐好之後我又把小卡片給了前面的一個年輕人看，請他到達時叫我們下車。因為那張小卡傳來傳去的，後面的外國觀光客也覺得有興趣了，還跟我們借去看，顯然他們不是要去看修道院，但他們是要去哪裡呢？我沒問，因為問了我大概也不知道。車子坐滿了，但還是有人要上車，司機拿出他的的塑膠椅自己增加座位，比起矮矮的板凳，這正常高度的塑膠椅想必坐起來還算舒適吧！神奇的是，還不到十點車子就這麼開走了！

四十分鐘左右的車程就抵達修道院了，到的時候大家都有叫我們下車，

這裡的人也真的都很熱心的。下車之後還搞不清楚往哪裡走，正想到處張望的時候，司機阿伯從窗口探出頭來指引了我們正確的方向，看到我們過了馬路往對的路走，他才開車離開！

從過馬路後要走到修道院，得爬上一段不算陡也不算長的小山坡，沿路的兩旁都是紀念品的小攤位，也許時間還早，有些攤位甚至都還沒開張營業呢！

這個被群山環繞的修道院參觀不用錢，比起保加利亞第一大的修道院—里拉修道院小了不少，不過在這裡似乎更可以感受到寧靜、平和的氛圍，更適合修道呢！仔細看周圍，來參觀或是敬拜的人還不少，幾乎是本地人居多，扶老攜幼全家一起來。走到門口時，先在門口兩側喝一口清涼甘甜的聖水（應該是山泉水吧！），再進到裡面的教堂買個蠟燭誠心的禱告一番，最後在綠意盎然

的中庭坐著看孩子們在旁邊玩耍。想想，這就是一種平凡的幸福。

在裡面繞來繞去，找不到教堂門口招牌上的「地下室」，只看到一個貼有照片深鎖的門扉，看來應該是無緣相見。中庭的另一側有一個小一點的教堂也沒有開放，中庭周邊牆上的壁畫很多，畫風很文藝復興的感覺，色調與其他教堂或是修道院看到的不一樣，應該是沒有特別整理，有些部分已開始有髒汙及褪色的跡象。主要的教堂內部也和之前看到的相同，明顯的三進式設計，每一室間有明顯的牆壁隔開，這個教堂內可以拍照，讓我不至於遺忘裡面的細節。內部仍是一貫的金

碧輝煌，閃亮亮的大吊燈、一排聖人的聖幛，還有被蠟燭薰得黑黑的壁畫。

但是門廊的壁畫看起來較乾淨漂亮，畫的內容還是我們這一趟旅程一直見到的經典畫面。看來羅馬尼亞及保加利亞這一帶應該都是這樣的風格及內容，至此，有點慶幸當初在蘇恰瓦修道院時有帶個「guide」去，才不至於又一整路的問號呀！

參觀完修道院後，慢慢的走下山坡，因為不知道回程巴士的時刻，索性就慢慢晃、慢慢逛，享受一下這山裡幽靜的氣息。沿途的紀念品大道賣好多好多的陶瓷鍋碗瓢盆和杯子，大多是這地區特有的釉彩，這種易碎物品顯然只有當地人會買，我們只能看看純

欣賞囉！雖然過兩天就要回國了，美麗的陶瓷也很令我心動，但是這次理智戰勝了慾望，我沒瘋到搬半打的小陶鍋回家。（現在想想，當年我從土耳其搬兩打的鬱金香杯回家，簡直是超級瘋狂的舉動。）

巴士站亭表定11:40有車，但是車子大概11:35就來了，在還沒11:40又開走了。看來表定的時間只是參考用，沒看到車，我們永遠不知道車子是誤點還是提早就開走了？這台車比早上更小台，大約只有14人座，我們上車時已經坐滿了人，只好上車用站的不然下一班還得等一個小時。但是過了一小段山路到附近的小城就有不少人下車，還好不用一路站回去。

郵筒就是圖下方那條黑色的溝

郵筒咧？

回到羅多比巴士站直接叫計程車搭到郵政總局，省得又找不到郵筒，而且郵政總局又剛好在逛街大道的尾端，處理好明信片之後剛好可以一路逛回旅館，真是太棒了！我們兩個人在郵局的外面繞來繞去都沒看到郵筒，只好走進郵局去問，沒想到面的小姐說，就在出去後的右手邊。我們剛剛就從那邊進來的呀！難道我們兩個是瞎了嗎？更笨的是，當我們又走出去找，兩個人還是一樣像鬼遮眼的沒看見。最後，只好厚著臉皮又走進去問了一次櫃台小姐，那個小姐大概也覺得奇怪，那麼明顯竟然也看不到，她起身親自帶我們走到門外去指給我們看，原來那個BOX長在牆壁上，跟我們想像中的郵筒長得完全不一樣呀！

Shopping time

接下來就是大採購的時間囉，反正這種均一價的國家，在哪買其實都是一樣的，這裡方便就這裡買吧！省得去到索菲亞還得去找紀念品店，可以直接準備打包回台灣。這裡的玫瑰產品專賣店不少家，每一家賣的東西也略有不同，有一些特別的組合並不是每一家店都有，昨天已經先逛了一圈的我們，心裡都已經盤算好要買的東西了。我在這裡買了REFAN的護手霜，擦起來感覺很不錯，兩條護手霜的盒子拼起來剛好是一朵玫瑰，設計感十足。不過護手霜這種擦在手上的東西，味道還是第一個考慮的點，總不希望整天一直聞到奇怪的味道，試用之後我選了紫玫瑰跟紅玫瑰兩種口味，店員還送了我們不少玫瑰味的溼紙巾呢！

三點半左右請旅館幫我們叫車到南巴士站，運氣不錯沒等多久就有往索菲亞巴士，因為聽不懂售票櫃台在講什麼，被推來推去的最後在「國際」賣票櫃台買到票。其實，當地人不是不友善，而是很多人並不會説英文，只能用指的給你看，不過幸好每次我們都有成功買到對的票。兩小時左右就到達索菲亞巴士總站，這裡我們去年來過，不算是個陌生的地方。去年住的旅館離這是不遠，但是到熱鬧的地方稍嫌不方便些，周邊也比較不熱鬧。今年我直接訂了離巴士總站不遠的旅館，就在地鐵站的出口，聽説旁邊就有大超市，應該會很便利。

因為距離旅館不遠直接叫計程車去就好，上了計程車後因為不是第一次到索菲亞，我一直在注意司機開的路線，感覺似乎是繞了一大圈，花了快6 Lv才到旅館。一路都沒遇到壞司機的我，下車時實在是太生氣了，馬上拿出照相機拍下計程車的背影，準備去投訴他。後來Check in時問了旅館櫃檯火車站是在哪個方向？距離是不是很近？櫃台的先生指著眼前的那條路説，車站就在那500公尺而已，但因為在修馬路所以得繞路。原來是沒辦法過才繞路的啦！還想説整路在保

加利亞搭計程車都便宜又實惠，遇到的每位計程車司機也都還蠻好的，就算沒跳錶也不會給你亂收錢，難道一到首都就遇到一個惡質司機？原來是誤會呀！還好還好！

旅館位置真的很好，旁邊就有大超市和肯德基，離舊城區的景點（清真寺）也很近，都在走路可以到的範圍。不過市區我們去年來都逛過了，跟旅館預訂明天去機場的車（一車20 Lv），並且安排了明天早上去波揚納教堂的車（一車30 Lv），才不會留在市區一直去逛街血拚。

去超市補充一些飲料，晚上又吃了肯德基，其實今天這樣跑了一整天也是挺累的，簡單的東西能吃就好。肯德基不知道是怎樣賣的，我先買了五對哈辣雞翅 但是打開盒子一看，是五個不是五對，唉！隨便啦！他們真的很難溝通，等等要是吃不飽，頂多再下來一趟而已。後來換育胤再去買兩個，但是店員跟她説一個雞翅0.99 Lv，是買套餐的加購價，但是可以讓育胤用兩元買四個，蝦密？這是怎樣？原來店員自動幫她用了折價券啦！用完還把那張折價券直接送給她，反正也不是很懂，隨便啦！

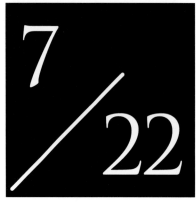

保加利亞‧索菲亞

這一家旅館的位置好，但是房間不大，其中不太滿意的地方就是它的冰箱不冷。為什麼冰箱會不冷？因為旅館為了美觀總是把冰箱塞進櫃子裡，新冰箱倒是沒有多大的問題，但是老舊的冰箱散熱系統會比較差，塞在櫃子裏面整個熱都散不掉，我把櫃子打開散熱，還是無法讓冰箱可以達到我想要的冰涼。

旅館的早餐在樓下一家對外營業的餐廳，坐定之後櫃台小姐拿菜單給我們選，每一種不同的早餐都有圖片可以參考，總共有六種可選。送來之後，果然如同圖片上的豐盛，不是那種圖片僅供參考的爛東西。

波揚那教堂

早餐過後，包車去波揚那（Boyana）教堂的司機已經來了，他不太會說英文所以我們整路都自己聊天。到了目的地附近，司機卻找不到路，問了幾次路人，還一直開錯，我不禁想：就算他沒來過，不是也應該先確認好怎麼走嗎？

在幾次鬼打牆的繞錯路、問了同一個路人兩次之後，我們終於成功的抵達教堂大門口了。這個教堂在一個好寧靜的地方，四周像被小森林般的圍繞著，附近也有一些民宅，教堂躲在其間，像個隱身在人群之中的瑰寶，不仔細看，根本完全不會注意到。

進大門後的紀念品販售處兼做售票亭，買好票教堂裡因為有人數限制，大門深鎖，我們只能先繞一圈拍拍外觀。因為它的腹地不大，不太容易拍到完整的全貌。天氣不佳下起了雨來，裡面的人不知道在搞什麼，一直不出來，我跟育胤兩個只好站在樹下躲雨。不知道是保加利亞的雨比較稀疏，還是我們兩個夠纖細，站在樹葉下的我們竟可以僅靠著樹葉的遮蔽而不被淋濕。一會兒，門終於打開了，裡面有好些人似乎只是進出拿些攝影器材，不知道在拍些什麼，要我們繼續在外面等。

又一次的開門，裡面的拍攝工作似乎也尚未結束，但是神職人員讓我們進去了。他讓我們先看最外面那一室，這個部分是新蓋的，可以拍照，但是沒什麼很特別的，我們分別跟聖尼古拉斯合照一張，這趟旅行看那麼多東正教教堂，看到我們一眼就認得出他是誰了！

這個教堂建於十世紀，後來先後在13及19世紀進行擴建，於1979年被列入世界文化遺產的行列。最裡面那一室是此教堂最屬害的部分，據說有一幅保存十分良好的最後的晚餐壁畫，進去繞了一圈之後我們兩個都沒看到，

一整個問號？就那麼小的地方，沒幾幅畫怎麼會沒看到，我們兩個困惑到以為自己瞎了？回到最外室，再拿出書確認一次，是我記錯還是怎麼樣的？經確認的確應該有，我們兩個又轉回去裡面看個清楚。吼，原來畫的方法、人的排列方式跟平常看到的不一樣，我們剛剛才會沒看到啦！因為不能拍照，所以就只能用寫的這樣而已，這時候不禁認為「太和計畫」那本小說裡面提到的眼球攝影機真的是很不賴的設計，如果我們看到的所有影像都可以被保存下來，那該是多珍貴的呀！我們看過、經歷過的太多事情，過了之後，忘記的比例居大部分，我常常會慶幸每趟旅行我都有寫日記的習慣，雖然過程中很累，但是幾年後再回頭看，我的確保留了更多一點點。當然，被記錄下來的部分僅能是我經驗、感受的一小部分，每次總是在心裡期望下次能記下的更多、更多。

回到旅館之後旁邊就有家樂福跟BELLA兩大超市，先去逛逛家樂福吧，看看可以挖到什麼寶？果不其

然，我們在家樂福裡發現保加利亞產的玫瑰軟糖，賣像比紀念品攤的好看多了，看起來乾乾淨淨的，這種超市的包裝買回去送人，大家大概比較敢吃吧？至少產品標示清楚，不會吃到什麼奇怪的東西。

因為不想再吃肯德基了，也不想花時間跟力氣去找餐廳，我又去了一趟BELLA買了雞腿跟蘑菇當午餐，食物對我來說就是吃得飽即可，不挑食在旅行中可是個很好的特質呢！

沿著旅館前面的這條路一直走就可以走到清真寺那邊去，本想趁去機場前再去那附近逛逛，去年在那裏發現不少紀念品店的，也有個市集可以繞繞。但才走沒多遠卻開始下起傾盆大雨，我們只能狼狽地站在店家位於人行道上的大陽傘下躲雨，並且期待這場雨可不要下到傘裡都開始下雨了還不停。很不幸的，雨勢忽大忽小，趁著雨小一點的時候，我們兩個共撐著那把小得可以的雨傘，快步的衝回旅館，看來今天已經無法再逛街了，剩下的列夫只好去機場想辦法花掉或是換回歐元吧！不能逛街不是最大的問

· 索菲亞國際機場

題，天氣不好，等等我們可是要起飛的耶，希望不會顛簸得太厲害！

啓程回家

機場真的離市區還蠻近的，只是一路上司機走了一條超奇怪的路，有點像我們的外環道之類的，沿路沒有標示也沒什麼車，雖然是大白天的，但我還是很害怕被載去賣！不過，每次總是做太多的擔心，半小時左右司機就把我們成功的送到索菲亞的機場門口。這個機場看起來超新、也超漂亮的，規模很大，選這裡當回程的地點很不錯。

Check in之後就進去逛免稅店囉！所有的東西都比市區至少貴一倍，十分有搶錢的態勢，料準了你不花光錢不可。本來在市區是以Lv標價的，現在數字是沒變啦，但是單位全換成了歐元，超恐怖！

裡面的店也不多，找到一家小店價格沒差那麼多的，又有我們沒看到過的品牌、包裝也比較漂亮的產品。選好要買的東西之後，把身上所有的列夫都給她，剩下不夠的部分付歐元（這裡零錢銅板都收，找錢也是找回歐元）。雖然櫃姐提供的匯率差了點，但不會讓我們剩下一些小錢沒用掉，也算是買得愉快了啦！

索菲亞沒有直接飛杜哈的航班，飛機得在布加勒斯特停留一小時後再原機往杜哈，期間我們並不能下機去逛布加勒斯特的機場，只能坐在飛機上等，真的很無聊。而且這一段氣流狀態很糟，可能這一區最近天氣都不是很好吧！一直搖來搖去的，整路都覺得很恐怖。呼！等等希望不是一路搖到杜哈才好！

SOF	（QR220經TOP）	DOH	（QR814）	HKG	（BR856）	TPE
16:30	----	22:55/01:40（+1）	----	14:40/17:00	----	18:45

7/23

回程‧颱風

　東巴爾幹半島3國22天自助超簡單

還好布加勒斯特飛杜哈這一段好多了，把壞天氣甩到背後了吧！安穩的睡了一陣子，醒來後一部電影都還沒看完就到杜哈了。本想說等一下飛香港時再看的，可是後來飛香港竟然是換成國泰的飛機，上面所有的電影都不太一樣，留下一個不知道結局的尾巴。

杜哈機場轉機的人超級多，買巧克力的地方很恐怖，大家似乎都像怕買不到的一樣，每個人都拿了一大籃，結帳也得等很久，深夜裡強強滾的機場不多見呀！隨便晃一下轉機的時間就過去了，還是很擔心台灣這邊的颱風，我回台灣的時間可不能遲的呀！

上飛機之後，這一段我跟育胤沒有坐在一起，她運氣很好被升等到豪華經濟艙，真的是賺到！不過她的票價比較高，先升等她也是比較有道理的啦！國泰這一段機上超冷，十分適合睡覺呢！看了一部電影、吃了東西之後，我就趕快進入睡眠模式，這樣回去才不會有時差。恍惚中記得中間有一段實在是有夠晃的，昏昏沉沉的還是感受到那晃動的恐怖，當然就催眠自己趕快睡，不要醒來感受那種恐怖。在抵達前三小時，又被亮燈弄醒，剛睡醒實在沒啥胃口，我就自動忽略了這一餐，又看了一部電影。但竟然在著陸前半小時電影就被切掉了，害我又沒看完，是有沒有這麼衰呀？

到香港，轉機櫃檯的地勤說沒接到飛機有延誤的通知，應該是沒問題，看來桃園機場目前起降應該正常，應該可以如期回到台灣。不過颱風才剛離開，也不必期待這一趟會有多麼舒適的旅程啦！上機又開始供餐，才剛吃完咧，飛機就開始遇到不穩定氣流，有夠顛簸的。每次都在吃飽飯來這招，無言！其中最扯的是這段竟然有人在後面尖叫，實在是……三條線！幸好最後是準時的平安降落了！一回到家看到復興航空因為天氣因素發生空難，時間點就在我們抵達的前後而已，真的是嚇死我了！

附錄

住宿列表

國家	日期	城市	旅館名稱	價錢（雙人房／晚）	地址
匈牙利	7/3-4	布達佩斯	Akacfa Holiday Apartments	N.T.1542	1074 Akacfa utca 12 - 14 / 2nd Floor 208
	7/5	密什科茲	Abigél Vendégház	N.T.1538	3519 Miskolctapolca, Aradi u. 6.
	7/6	布達佩斯	Agape Aparthotel	N.T.1600	1073 Budapest, Akacfa Street 12 / 1st floor, door 111
羅馬尼亞	7/7	巴亞馬雷	Best Western Eurohotel	N.T.1598	Bucharest Blvd., no.23, 430251
	7/8	西給特	Pension Casa Iurca	N.T.1796	Dragos Voda nr. 14, 435500 Sighetu Marmaţiei
	7/9	蘇恰瓦	Daily Plaza Hotel	N.T.1880	Str. Ştefan cel Mare 4, 720004
	7/10	蘇恰瓦	Continental Suceava	N.T.1278	Str. Mihai Viteazul 4-6, 720057
	7/11-12	布拉索夫	Premium Apartments Brasov	N.T.1681	Piata Sfatului nr. 29, 500198

國家	日期	城市	旅館名稱	價錢（雙人房／晚）	地址
羅馬尼亞	7/13-14	錫吉什瓦拉	Pension Chic	N.T.1034	Str. Libertatii nr. 44, 545400
	7/15-16	布加勒斯特	Bucharest Suites	N.T.1476	str Sfanta Vineri nr 23, sect 3, 030203
保加利亞	7/17-18	大特爾諾沃	Family Hotel Anhea	N.T.950	32 Nezavisimost str., 5000
	7/19	卡贊勒克	Hotel Vesta	N.T.1433	3, Chavdar Voivoda, 6100
	7/20	普羅夫地夫	Bright House	N.T.1599	21 Georgi Benkovski Str., 4000
	7/21	索菲亞	Hotel Lion	N.T.1640	60 Maria Luiza Blvd., Centrum, 1202

· 平均匯率：€ 1 = N.T. 41、1 Ft = N.T. 0.14
1 lei = N.T.9.4、1 Lv = N.T. 21.1

旅行地圖

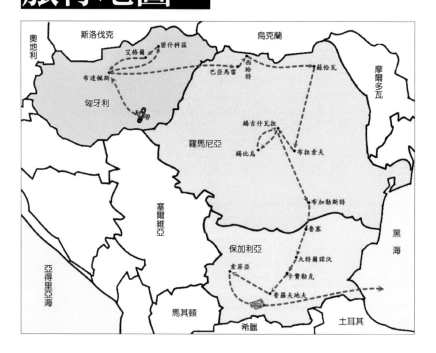

釀旅人22　PE0093

 # 東巴爾幹半島3國22天自助超簡單
——匈牙利、羅馬尼亞、保加利亞

作　　　者	曹嘉芸
責任編輯	陳佳怡
圖文排版	王嵩賀
封面設計	蔡瑋筠

出版策劃	釀出版
製作發行	秀威資訊科技股份有限公司
	114 台北市內湖區瑞光路76巷65號1樓
	電話：+886-2-2796-3638　傳真：+886-2-2796-1377
	服務信箱：service@showwe.com.tw
	http://www.showwe.com.tw
郵政劃撥	19563868　戶名：秀威資訊科技股份有限公司
展售門市	國家書店【松江門市】
	104 台北市中山區松江路209號1樓
	電話：+886-2-2518-0207　傳真：+886-2-2518-0778
網路訂購	秀威網路書店：http://www.bodbooks.com.tw
	國家網路書店：http://www.govbooks.com.tw
法律顧問	毛國樑　律師
總　經　銷	聯合發行股份有限公司
	231 新北市新店區寶橋路235巷6弄6號4F
	電話：+886-2-2917-8022　傳真：+886-2-2915-6275

出版日期	2016年4月　BOD一版
定　　　價	350元

Printed in Taiwan

國家圖書館出版品預行編目

東巴爾幹半島3國22天自助超簡單：匈牙利、羅馬尼
亞、保加利亞 / 曹嘉芸著. -- 一版. -- 臺北市：釀出
版, 2016.04
　　面；　公分 --（釀旅人；22）
BOD版
ISBN 978-986-445-095-4（平裝）

1.自助旅行 2.巴爾幹半島

749.09　　　　　　　　　　　　　　　105002202

讀 者 回 函 卡

感謝您購買本書,為提升服務品質,請填妥以下資料,將讀者回函卡直接寄回或傳真本公司,收到您的寶貴意見後,我們會收藏記錄及檢討,謝謝!如您需要了解本公司最新出版書目、購書優惠或企劃活動,歡迎您上網查詢或下載相關資料:http:// www.showwe.com.tw

您購買的書名: _____

出生日期: _____年_____月_____日

學歷:□高中 (含) 以下　　□大專　　□研究所 (含) 以上

職業:□製造業　□金融業　□資訊業　□軍警　□傳播業　□自由業
　　　□服務業　□公務員　□教職　　□學生　□家管　　□其它_____

購書地點:□網路書店　□實體書店　□書展　□郵購　□贈閱　□其他

您從何得知本書的消息?

　□網路書店　□實體書店　□網路搜尋　□電子報　□書訊　□雜誌
　□傳播媒體　□親友推薦　□網站推薦　□部落格　□其他_____

您對本書的評價:(請填代號　1.非常滿意　2.滿意　3.尚可　4.再改進)

　封面設計____　版面編排____　內容____　文/譯筆____　價格____

讀完書後您覺得:

　□很有收穫　□有收穫　□收穫不多　□沒收穫

對我們的建議: _____

_____

_____

_____

11466
台北市內湖區瑞光路 76 巷 65 號 1 樓

秀威資訊科技股份有限公司　　　收

BOD 數位出版事業部

....

（請沿線對折寄回，謝謝！）

姓　　名：_____　年齡：_____　性別：□女　□男

郵遞區號：□□□□□

地　　址：_____

聯絡電話：(日) _____　(夜) _____

E-mail：_____